Taktvoll

Wenn das Herz nicht richtig tickt.

Von Jutta Vähning

Das Buch

Fast jeder hat sie, manchmal werden sie bemerkt, oft bleiben sie unbemerkt und stören auch nicht weiter, selten habe sie Krankheitswert. Doch dann gibt es Menschen, die werden immer wieder geplagt davon sind, die körperlich und seelisch leiden und einen Umgang damit finden müssen. Die Rede ist von Herzrhythmusstörungen.

Ganz subjektiv wird von Erfahrungen und dem Umgang mit diesen Störungen berichtet, in der Hoffnung vielleicht dem Einen oder Anderen einen Umgang damit zu zeigen.

Die Autorin

Jutta Vähning ist Diplom Pädagogin, arbeitet seit vielen Jahren in der Erwachsenenpsychiatrie und berichtet als Betroffene aus eigener Erfahrung.

Bereits im Alter von 14 Jahren zeigten sich erste Herzrhythmusstörungen, die zunächst als Kreislaufprobleme abgetan wurden. Ab dem Alter von 19 Jahren wurden sie dann zu einem häufigen Begleiter. Daher ist ihr deutlich bewusst, wie belastend ein Leben mit diesen unberechenbaren Vorkommnissen sein kann.

Mit ihrem Buch möchte sie das Gefühl, für sich selbst und andere eine Belastung zu sein beleuchten, Verständnis wecken für eine oft unberechenbare Störung und deren Folgen und nicht zuletzt Mut machen, das Leben trotzdem als so lebenswert zu betrachten, wie es ist.

Taktvoll

von Jutta Vähning

Verfasserin: Jutta Vähning
Umschlaggestaltung: Jutta Vähning
Alle Rechte vorbehalten

. Auflage, 2023

© 2023 Alle Rechte vorbehalten.

Verfasserin: Jutta Vähning

Alle Rechte vorbehalten

Herstellung und Verlag:

BoD · Books on Demand, Norderstedt

ISBN 9783757887711

Inhalt

Vorwort

Stellen Sie sich vor, Sie wollen zur Arbeit fahren, setzen sich in ihr Auto und starten den Motor.

Er ruckelt und zuckelt und prustet, vielleicht kommt eine schwarze Wolke aus dem Auspuff und dann lässt er sich endlich fahren. Auf dem ganzen Weg zur Arbeit stottert der Motor immer wieder und Sie denken genervt „Hoffentlich fällt das blöde Ding nicht gleich aus!" Dann lässt er sich einige Kilometer ohne Probleme fahren, doch in dem Moment, als Sie aufatmen, schnellt plötzlich die Drehzahl hoch, begleitet von einem jaulenden Geräusch, dass sich Ihnen die Nackenhaare aufstellt und sie befürchten lässt, dass in jedem Moment der Motor ausfallen könnte.

Unangenehm? Gar beängstigend? Ja! Auf jeden Fall! Und selbst wenn sie noch so gelassen sind, ist eine solche Situation erstmal einfach nur verunsichernd.

Jährlich werden etwa 400.000 Menschen in Deutschland auf Grund von Herzrhythmusstörungen in die Notaufnahme einer Klinik eingeliefert. Die meisten Herzrhythmusstörungen sind unangenehm, aber harmlos. Dauern sie an oder zeigen sie sich häufiger, sollten sie dennoch ärztlich abgeklärt werden.

Ca. 1,8 Millionen Menschen leiden unter der häufigsten Herzrhythmusstörung, dem Vorhofflimmern, oft unbemerkt, nie aber unbedeutend, denn es können daraus Folgeerkrankungen, wie z. B. Schlaganfälle entstehen.

Neben dem medizinischen Aspekt spielen psychische bzw. psychosoziale Faktoren eine nicht unerhebliche Rolle.

Der Verlust von Sicherheit und Kontrolle, die Unberechenbarkeit der Erkrankung, die auch das „Wenn – dann – Prinzip" aushebelt. Denn wann die Störungen auftreten, kann nicht genau vorausgesagt, vorausgefühlt werden.

„Wenn ich Alkohol trinke – dann meldet sich mein Herz" – Oder eben auch nicht!

„Wenn ich Kaffee trinke – dann meldet sich mein Herz" – Oder eben auch nicht!

„Wenn ich Stress habe – dann meldet sich mein Herz"... und so kann es auf der Suche nach vermeintlichen Auslösern endlos weiter gehen.

Denn das Herz kann auch völlig unvorbereitet aus dem Takt geraten. Bei der Arbeit, beim Einkaufen oder bei der Radtour mit Freunden. Genauso aber auch, wenn man ganz in Ruhe auf dem Sofa sitzt und entspannt ein Buch liest.

Eine gewisse Zeit lassen sich die Episoden tolerieren, doch irgendwann beginnt eine Phase, die sich aus Anfällen, Unsicherheit und Angst, aus Rückzugstendenzen und Verlust von Kontrolle und Selbstvertrauen zusammensetzt. Aus Selbstbeobachtung und der Angst, dem Partner, den Kindern und Freunden auf die Nerven zu gehen oder sie zu belasten. Durch die abnehmende Leistungsfähigkeit kann häufig ein Berufsleben nicht mehr vollständig geleistet werden.

Spätestens jetzt werden die psychosozialen Auswirkungen einer im Prinzip gut zu behandelnden Störung deutlich. Ist man zudem noch mit nicht nur einer, sondern mit unterschiedlichen Herzrhythmusstörungen belastet, multiplizieren sich die Unberechenbarkeiten ebenfalls.

Jetzt kann argumentiert werden, dass ja das Leben selbst nicht berechenbar wäre, was auch stimmt.

Doch mit Herzrhythmusstörungen wird es eben noch ein Stück unberechenbarer, mit Folgen für einen selbst und das Umfeld. Folgen, die es zu bewältigen heißt.

Ich selbst lebe seit etwa 40 Jahren mit Herzrhythmusstörungen. Ganz genau kann ich das natürlich nicht sagen, weil es mir oft gar nicht bewusst war. So wie es mir, trotz aller

Erfahrungen, auch später nicht immer gleich bewusst war, dass es mein Herz ist, das wieder einmal meldet.

Oft wurden alle möglichen Diagnosen gestellt, von Kreislaufproblemen, über Magen – Schilddrüsen oder Hormonprobleme, Probleme mit den Elektrolythen – bis hin zu Stress, Überarbeitung und sogar „Übernervosität" und psychischen Störungen. Das Härteste, was ich hörte, war Hypochondrie.

Irgendwann hat ein guter Kardiologe dann herausgefunden, dass ich wirklich unter Herzrhythmusstörungen leide. Unter einer so genannten Reentrytachykadie, dann kam auch noch eine Isthmustachykardie oder auch Vorhofflattern genannt und einige Jahre später Vorhofflimmern dazu.

Zwischendurch begleiteten mich dann auch immer wieder die supraventrikulären und ventrikulären Extrasystolen.

Dieses elektrische Herz habe ich offenbar von meiner Großmutter geerbt (wissenschaftlich ist das allerdings nicht nachgewiesen), sie wurde 1914 geboren und ihr elektrisches Herz wurde der damaligen Zeit entsprechend einfach als Hysterie bezeichnet.

Ich habe es dann an meine Tochter weitervererbt, die zwar bereits mit 26 abladiert wurde, sich aber nicht davon abhalten ließ, eine erfolgreiche Dressurreiterin in den USA zu werden ein paar Jahre später zu studieren und einen anstrengenden Beruf in einer Klinik zu ergreifen, oder mit ihrem Mann und den Hunden Wandertouren durch die Nationalparks der USA zu unternehmen.

Oma ging allerdings einfach nie ohne ihr Digitalispräparat, Traubenzucker und später ihre Nitroskapseln aus dem Haus. Diese hatte sie von ihrem alten Hausarzt bekommen. Bei einem Kardiologen war sie meines Wissens nach nie. Mit ihren Präparaten bewaffnet, ging sie allerdings auch Bergtouren oder erkundete mit den Hurtigrouten die Fjorde Norwegens. Ging es ihr nicht gut, blieb sie eben stehen …und machte dann weiter.

Meine Oma Charlotte, auch liebevoll Lottchen oder Lotte genannt, starb im hohen Alter von 97 Jahren, ganz ruhig, nach einem Kaffee im Mittagsschlaf.

Dieses Alter zu erreichen habe ich übrigens auch vor, mit allen Überraschungen, die mir mein elektrisches Herz so bietet.

Am Ende des Buches benenne ich Quellen und auch Bücher, die vielleicht zum Stöbern und Recherchieren anregen, die Trost spenden und Zusammenhänge beleuchten, um mit den Folgen eines sehr aktiven Herzens besser umgehen zu können.

Das Kind hat Kreislauf

Das erste Mal umgekippt auf Grund der Herzrhythmusstörungen bin ich mit 14 Jahren, denke ich. Ich stand beim Schlachter und sollte für den Grünkohl (typisch norddeutsches Wintergericht) die nötigen Fleischzutaten kaufen. Mein Herz war schon die ganze Zeit ziemlich schnell, ich dachte, das käme vielleicht davon, dass ich zu schnell mit dem Fahrrad gefahren war, denn ich war noch mit meiner Freundin Ute verabredet.

Es schlug und klopfte und sprang in meiner Brust und als ich an die Reihe kam, hatte ich kaum noch Luft zum Sprechen und mir war ziemlich schwindelig. Das lag sicher nicht an der Kohlpinkel, die ich kaufen sollte und deren Namen auszusprechen für mich fast unmöglich war.

Jedenfalls hörte ich wie durch einen Nebel die Fleischereiverkäuferin sehr freundlich fragen „Was darf's denn sein," und bevor ich etwas sagen konnte, wurde es dunkel und ich plumpste wie ein nasser Sack zu Boden. Zu mir gekommen bin ich auf einem Stuhl in der Ecke der Schlachterei, der da eigentlich für die älteren Herrschaften stand.

„Geht`s wieder Kleine?", die Verkäuferin blickte mich ganz besorgt an und hielt mir ein

Glas Wasser vor die Nase. „Geht wohl," murmelte ich und nahm dankbar das Glas Wasser. Ich hatte mächtig Durst und musste gleichzeitig dringend auf die Toilette.

„Is wohl der Blutdruck," sagte eine andere Kauflustige weise und nickte zum Nachdruck mit dem Kopf. „Ist ja auch ganz schön groß, die junge Frau." Ich lächelte entschuldigend und wusste jetzt nicht genau, was mir peinlicher sein sollte. Dass ich umgekippt war, oder dass ich mit 14 bereits 1.80 groß war.

Jedenfalls fuhr ich nach erledigtem Einkauf nach Hause. Meiner Mutter sagte ich zunächst nichts davon, sie war ohnehin was Störungen anging eher angespannt und nicht unbedingt hilfreich.

Das nächste Mal passierte es direkt nach dem Sport. Ich war damals begeisterte Leichtathletin, Kurzstrecke, Weitsprung und Staffel und wir waren zum Ausdauerlauf mit unserem Trainer in Wald. Bestes Wetter, 20 Grad, kein Wind, ideale Trainingsbedingungen also. Beim Laufen selbst ging auch alles gut, mein Herz funktionierte bestens. Nach dem Lauf, ich wollte gerade Wasser trinken, ging es wieder los. Mein Herz machte einen Riesensatz, fing dann an zu rasen und wollte sich weder durch hüpfen noch tief Luft holen beruhigen lassen.

Ich sagte wieder nichts, wurde aber wohl ordentlich blass, denn mein Trainer fragte besorgt: „Jutta, alles in Ordnung?" „Ich, ich weiß nicht, mein Herz" stotterte ich. Er fühlte meinen Puls und sah mich besorgt an. „Na, ganz schön schnell für ein trainiertes Mädel," sagte er. „ich fahre dich besser nach Hause."
Er fuhr mich nach Hause und sprach dann natürlich mit meinen Eltern. Die zeigten sich dann doch einigermaßen besorgt und nötigen mich zu einem Besuch bei unserem Hausarzt.
Meine Mutter nahm sich am Tag des Termins sogar Zeit, mich zu begleiten. Unser Hausarzt begutachtete mich von Kopf bis Fuß, vermessen, gewogen und nach allen Blutbefunden, sowie einem EKG beschloss er, dass ich wohl „Blutdruck" haben müsste. Okay, der war auch ein bisschen niedrig, aber für eine 14jährige, hoch aufgeschossene und sportliche Jugendliche durchaus okay. Jedenfalls bekam ich dann „Effortil Tropfen". Die habe ich dann auch brav eingenommen. Geholfen haben sie nicht wirklich.

Allerdings blieben die „Herzrasattacken" für längere Zeit aus, was meine Mutter den Tropfen zuwies. Und tatsächlich hatte ich einige Zeit wirklich Ruhe.
Hatte ich dann und wann dieses Herzrasen war es entweder die Pubertät, die aufregende Klassenreise, der Schulabschluss der Mittelstufe oder das aufregende Abitur, der

erste Freund oder eben etwas Anderes. Jedenfalls dachte keiner daran, dass es das Herz sein könnte. Wie auch, bei einer so jungen Person.

Das Kind hatte eben einfach „Kreislauf".

Teilzeitrhythmus

Irgendwann hatte ich mich dann das ständige Holpern und Stolpern und vor allem das schnelle Schlagen in meiner Brust gewöhnt.

Meine Oma Lotte, die ich im Vorwort schon erwähnt habe, sagte oft: „Kind, wir sind eben schnelle Menschen. Wir können gar nicht langsam. Wir reden schnell, wir arbeiten schnell und wir leben schnell – alles machen wir schnell. Wir kannst du da erwarten, dass du ein langsames Herz hast?" Und dann lachte sie und wischte noch eben schnell die Spüle aus, bevor sie schnell zum Einkaufen fuhr. Ich liebte meine Großmutter, denn sie war eine pragmatische, manchmal auch dramatische (das schließt sich meiner Erfahrung nach übrigens keineswegs aus!) Frau. Sie hatte Höhen und Tiefen im Leben, einen Krieg überlebt und zwei Kinder großgezogen, einen Sohn, meinen Onkel Wolfgang verloren und auch das überlebt. Einen todkranken Ehemann bis zum Schluss gepflegt, daneben gearbeitet und immer den Humor und den

Blick für das Schöne im Leben behalten. Trotz ihrer Herzprobleme. Ich habe versucht, es ihr gleich zu tun, was mir mehr oder minder gelingt.

Jedenfalls habe ich mich mit der Zeit auf eine Art „Teilzeitrhythmus" eingestellt, denn es gab auch durchaus Zeiten, in denen mein Herz mir Ruhe gönnte.

Mit Anfang 20 gab es dann eine wirklich unangenehme Phase, mit Herzrasen, Schwindel, Übelkeit und von einer Art Benommenheit begleitet. Wieder kamen die Attacken aus dem Nichts, bei der Arbeit, beim Sport, ich bin zu der Zeit gerne gesurft und inzwischen langsam auch von immer stärker werdender Angst begleitet. Denn auch mein jetziger Hausarzt versicherte mir immer wieder: „Sie sind dermaßen gesund, das ist ja auch ein bisschen „Anstellerei." Denn immer wenn ich beim Arzt war, war auf einem EKG natürlich nichts zu sehen.

Ich glaubte dem Doc als Fachmann natürlich und vermutete eine „Psychomacke". Alle möglichen Überlegungen führte ich ins Feld für die immer wieder kehrenden Attacken von Herzrasen- und stolpern. So etwas wie Internetforen oder Selbsthilfegruppen bei denen ich mich hätte austauschen können, gab es damals ja noch nicht.

Ich versuchte mit der Unberechenbarkeit zu leben, was mir als strukturiertem und organisiertem Menschen extrem schwerfiel und allmählich machten mich die immer wiederkehrenden Vorkommnisse mürbe. In Folge begann ich Dinge, die ich als Auslöser vermutete zu meiden. Ich ging nicht mehr in die Disco, denn der harte Takt der Lautsprecher ließ mein Herz hüpfen, ich mochte nicht mehr weit wegfahren, denn ein Krankenhaus in der Nähe erschien mir sicherer, ich schränkte sogar mein geliebtes Surfen ein, weil ich Angst hatte irgendwann während einer Attacke vom Brett zu fallen und zu ertrinken. JETZT bekam ich wirklich eine „Psychomacke," wie ich es damals selbst nannte, denn zu den Phasen von „Herz" entwickelte ich schlichtweg eine Angststörung. Mit wirklich viel Willenskraft und weil ich einfach kein Mensch bin, der sich mit Dingen einfach abfindet, ging ich gegen meine Ängste an, zog mit meinem ersten Mann damals sogar von Oldenburg auf die Insel, auf der er als Polizist eine Stelle antrat, ganz ohne Krankenhaus! Ich war inzwischen 24 Jahre alt und fest davon überzeugt, dass ich wohl einfach damit würde leben müssen.

Blaulichtalarm

Dann, oh Wunder folgten tatsächlich ein paar kurze Jahre, in denen ich viel seltener Phasen von Herzstolpern hatte. Mein Sohn Daniel kam auf die Welt und als junge Mutter auf einer ostfriesischen Insel hat man ganz andere Sorgen, als ständig auf das Herz zu achten.

Auch nachdem wir wieder zurück auf das Festland zogen, blieb mein Herz zunächst gnädig. Das Leben mit einem Kleinkind ist bunt und spannend und der Alltag voll. Nach drei Jahren kam dann meine Tochter Franziska zur Welt und mit zwei Kleinkindern und einem Polizisten als Mann, bleibt ebenfalls keine Zeit für Herzbetrachtungen. Obwohl sich während meiner zweiten Schwangerschaft ganz leise die Herzstolperer wieder meldeten, von mir tapfer ignoriert.

Doch irgendwann wollte mein Herz wieder beachtet werden und meldete sich wehement zu Wort.

Ich weiß nicht, wie oft ich in den nächsten Jahren mit Blaulicht und Sirene in der Notaufnahme im Krankenhaus landete. Herzrasen, Herzstolpern, der Blutdruck der verrück spielte und von normal niedrig bis himmelhoch, da war einfach alles drin. Meine Angst kam wieder und im Krankenhaus hatte ich das Gefühl, jeder Aufenthalt wurde mit mehr Skepsis betrachtet, bis mir der Chefarzt einer Inneren Abteilung irgendwann riet: „Machen sie doch mal eine Therapie, sie scheinen ja etwas überspannt zu sein." Eine Frechheit, wie ich heute finde, damals gab ich ihm zu 100 % Recht. Schließlich hatte ich etliche Untersuchungen hinter mir, alles ohne Befund. Und was nicht nachweisbar ist, ist schließlich auch nicht existent!

Therapie und co.

Also bemühte ich mich um einen Therapieplatz und bekam diesen tatsächlich relativ schnell. Hier möchte ich erwähnen, dass das inzwischen ja auch schon über 30 Jahre her ist. Heute dauert es deutlich länger einen Therapieplatz zu bekommen, dass weiß ich aus beruflicher Erfahrung. Inzwischen können Patienten sich aber auch an eine Rhythmologie wenden, einige Praxen und Krankenhäuser verfügen über psychokardiologische Beratung.

Die Therapeutin und ich waren uns sympathisch, die Chemie stimmte und wir beschlossen nach ein paar Sitzungen, es miteinander zu versuchen. So redeten wir über dies und das und stocherten auch ein bisschen in meiner Kindheit rum. Sprachen über Emotionen und welche Auswirkungen sie haben, über Achtsamkeit und Belastungen und den Umgang damit. Und na klar, gefiel es mir schon, mal so mit jemandem zu sprechen, nur blieb mein Herz davon herzlich unbeeindruckt und poltert munter weiter.

Nach einigen Sitzungen, ich wusste jetzt auch nichts mehr zu erzählen, fragt mich die Therapeutin, wie es meinem Herzen so ginge. Ich muss nicht lange überlegen und antworte. „Ganz gut, denke ich, denn es schlägt ja noch. Aber es hat sich entschieden, trotz unserer netten Gespräche weiter Tumult zu machen." Und wir entschlossen uns, dass ich doch noch einmal einen Facharzt aufsuchen sollte und unsere Zusammenarbeit erst einmal zu beenden.

Den Facharzt suchte ich natürlich nicht auf, in fester Überzeugung, es würde ja ohnehin nichts finden. Und so beschloss ich, meinen „Unrhythmus" vorerst zu ignorieren.

Achtsamkeit Adé

Es folgten Jahre, in denen es mit der Achtsamkeit so gar nicht klappte. Schließlich hatte ich zwei Kinder, einen Mann, einen Vollzeitjob, einen Resthof mit 5 Pferden und all das um die Ohren, was man als Mensch in den mittleren Jahren ebenso um die Ohren hat.

Natürlich hat mein Herz sich in der Zeit trotzdem immer mal wieder gemeldet. Manchmal konnte ich es ganz gut verdrängen und manchmal hatte ich einfach Angst. Angst, dass das nie aufhört, Angst, dass es etwas mit mir nicht stimmt und ja, auch die Angst einfach irgendwann tot umzukippen.

In dieser Zeit habe ich auch ein probates, altes Muster aus der „Lernen für`s Leben" Schatztruhe hervorgekramt, es hieß „Achtsamkeit adé" Ich habe mich mit Aktivitäten nur so zugeschüttet, um möglichst wenig zu merken, möglichst wenig auf mein Herz zu hören. Viel gearbeitet, mit meiner Tochter auf so ziemlich jedes Reitturnier zu fahren, dass den Sommer über angeboten wurde. Dabei kam mir sehr entgegen, dass meine Kleine so reitbegeistert war und auch jedes Turnier gerne mitnehmen wollte. Kinder, Haus und Hof versorgt, mit Freunden getroffen und Unternehmungen gestartet. Und doch bin ich dann und wann umgekippt und wieder mit Blaulicht ins Krankenhaus gekommen.

An einem Abend, an dem ich neben meinem Vollzeitjob noch einen Vortrag an der Uni halten wollte, spielte mein Herz dermaßen verrückt, dass ich mit Verdacht auf Herzinfarkt auf der Intensivstation eines Klinikums landete. Den hatte ich natürlich nicht, mein Herz strukturell gesund, meine Arterien ein Traum von Durchlässigkeit, ohne ein Zeichen einer Verstopfung. Ich wurde nach einigen Untersuchungen mit den Worten „sie

sollten einfach mal kürzer treten junge Frau",
wieder nach Hause geschickt.

Und wieder das Phänomen, dass man nichts
Ernsthaftes finden konnte und ich als
Hypochonder abgestempelt wurde und das
schon selbst glaubte. Die Folgen dieses
unachtsamen Lebens ließen nicht lange auf
sich warten und endlich wies ich
Stressreaktionen auf. Erschöpfung,
Schlaflosigkeit gepaart mit nächtlichen
Attacken von Herzrasen, die ich mit dem
Trinken von eiskaltem Wasser manchmal
sogar in den Griff bekam.

Das Leben tobte weiter und ich mit. Nach der
Trennung von meinem ersten Mann folgte eine
Zeit, in der ich wenig Störungen hatte und
mich ein bisschen auf mich besinnen konnte.
Die Male, die mein Herz sich ungnädig zeigte,
konnte ich ertragen, fast akzeptieren.

Landesliga zwischen
Zusammenbruch und Diagnose

Ich schenke mir jetzt über die Jahre zu
berichten, die mit mal mehr und mal weniger
Herzrhythmusstörungen einher gingen und
komme zu einem für mich bahnbrechenden
Erlebnis.

Mein zweiter Mann Hubert hatte mir das Boule Spiel, im Turniersport Petanque genannt, schmackhaft gemacht und zwar so sehr, dass ich sogar Landesmeisterschaften spielte und mit großem Spaß diesen Sport ausübte. Immer, wenn ich in den Kreis ging, hopste mein Herz zwar vor Aufregung und weil ich halt auch ein Leistungsmensch bin, dennoch wog der Spaß die Störungen auf.

Nun spielten wir eine Doublette Landesmeisterschaft und kämpften uns von Spiel zu Spiel weiter hoch. In der nächsten Runde sollten wir gegen den absoluten Favoriten spielen, hatte uns also in der A Runde bis auf Platz 2 hochgekämpft. Ich stand im Kreis und sollte die erste Kugel legen, da passierte es: Mir wurde schlecht, schwarz vor den Augen, das Tuch, das ich um den Hals trug vibrierte nur noch. Mein Herz, das sich den ganzen Tag ruhig verhalten hatte, tobte plötzlich mit einer Schnelligkeit, die mich völlig aus der Bahn warf. Ich erbat mir eine kurze Spielpause und suchte den Weg zu den Toiletten. Ganz plötzlich versagten mir denn auch noch dummerweise die Beine und ich fand mich am Boden wieder, nach Luft schnappend, kaum in der Lage auch noch zu sprechen. Andere Boulespieler fanden mich, riefen meinen Mann und zum Glück war einer unter den Spielern auch ein Arzt. Der beugte sich besorgt über mich, fühlte meinen Puls und sagte dann ganz ruhig: „Ich ruf dann mal den Krankenwagen!". Ich schloss die Augen und hoffte nur, es möge doch bitte endlich aufhören, auf welchem Weg auch immer.

Der Krankenwagen war wirklich schnell da und die Sanitäter schafften mich auf die Trage und schlossen mich an das EKG an. Der Notarzt betrachte meine wilden Wellen und sagte nur: „Ab ins Klinikum!" Und da landete ich dann auch, zu meinem Glück. Und zu einem weiteren Glück hatte an einem Samstag, an dem Notaufnahmen wie jeder weiß, nicht sonderlich gut besetzt sind, ein Kardiologe Dienst. „Machen sie sich keine Sorgen," japste ich ihm zu und mein Mann, der inzwischen eingetroffen war, starrte mich nur an. „Das kenne ich schon, das ist nur Stress!" Ich versuchte zu lächeln, klappte nicht so richtig. Der diensthabende Arzt sah mich an, hob eine Augenbraue und sagte: „Keineswegs, das ist eine AV-Reentry-Tachykardie [1] und ihr Puls liegt zur Zeit bei 230. Wenn sie bereits länger damit Beschwerden haben, kann man das übrigens mit Betablockern ganz gut behandeln, es würde sich hier aber auch durchaus ein Eingriff anbieten. Am besten, sie machen einen Termin in unserer Rhythmusambulanz." Ich sah ihn völlig perplex an: „Sie meinen also, ich habe da wirklich was? Ich bilde mir das nicht ein?" Mit gerunzelter Stirn blickte er mich an: „Ja, sicher haben sie wirklich etwas, wie kommen sie nur darauf, dass sie sich etwas einbilden? Ich lasse ihnen jetzt etwas gegen die Rhythmusstörung geben, dann geht es ihnen in etwa 20 Minuten besser. Und wie gesagt, Termin Rhythmusambulanz." Und dann war er auch wieder verschwunden und ich lag da, mit 100 Fragen im Kopf und sah meinen Mann ungläubig an. „Ich hab´ was!" stotterte ich. „Du hast was," antwortete er, mindestens ebenso erstaunt. Da musste ich nun 44 Jahre alt werden, von diesen 44 Jahr habe ich rund 25 Jahre gedacht, ich hätte eher ein psychisches Problem und plötzlich kam da einer und sagte „Bäm", das ist doch ganz klar......

Zwischen Angst und Erleichterung

Da saß ich nun und hatte einen Namen für das Unbeschreibliche, das mich seit Jahren verfolgt hatte, mir oft Angst gemacht und mein Leben trotz allen Verdrängens doch eingeschränkt hatte. Es ist nämlich wirklich unangenehm, wenn der Motor des Köpers ganz plötzlich, meist ohne Vorwarnung losrennt wie ein Automotor, bei dem der Drehzahlbegrenzer defekt ist und man das Gefühl hat, das Teil springt jeden Moment aus der Brust oder alle Schrauben lockern sich und der Motor bleibt dann einfach stehen.

AV Reentry hieß das Monster, das aus dem Dunkel und dem Nichts so oft zugeschlagen hatte. Das mein Herz zu den wildesten, schnellen Kapriolen veranlasst hatte. AV Reentry Tachykardie, nicht Hypochondrie, nicht Stress, nicht psychisch auffällig und therapiebedürftig, nicht überspannt und überfordert. Ein Name, für ein reales Problem. Allerdings bedeutete das auch für mich, dass etwas getan werden konnte, getan werden musste. Ich musste aktiv werden und mich um eine Behandlung bemühen.

Wie der kompetente Arzt aus der Notaufnahme mir empfohlen hatte, machte ich im Klinikum einen Termin bei der Rhythmusambulanz. Das dauerte einige Wochen, denn wie ich erfahren durfte, war ich bei weitem nicht die Einzige mit Störungen dieser Art, was mich einerseits tröstet, andererseits auch ein bisschen erschreckte. War ich jetzt etwa herzkrank? Dann saß ich endlich im Wartezimmer der Ambulanz und kaute gerade auf diesem Gedanken herzkrank ja oder nein und den Konsequenzen einer vermutlichen Herzerkrankung herum, da wurde ich endlich aufgerufen.
 Ein junge, wie ich fand kompetente Ärztin mit wunderbar französisch klingendem Namen, bat mich, mich zu setzen. Zunächst hörte sie sich meine ganze Geschichte in Ruhe an, übrigens ohne mich ein einziges Mal zu unterbrechen. Dann nahm sie ein Blatt Papier, beugte sich zu mir und erklärte mir genau,

was mein Herz da veranstaltete. Sie zeichnete ein Herz auf und beschrieb mit dem Bleistift, wo genau dieses Herzrasen ausgelöst wurde, wie es durch mein Herz raste und was dabei alles mit dem Körper passierte. Sie fand genau die Worte für das, was ich fühlte. Die medizinische Erklärung für meine vermeintlich psychische Störung. Am liebsten hätte ich sie in diesem Moment umarmt!

„Wir können das zunächst einmal mit einem Betablocker behandeln," hörte ich sie sagen, „das beobachten wir dann erst einige Zeit und sie stellen sich in drei Monaten wieder vor. Wenn das nicht klappt, haben wir noch andere Optionen." Sie lächelte mich an und ich strahlte, als hätte sie gerade ein Kaninchen aus dem Zylinder gezaubert. So einfach sollte das sein? Fast schwebend verließ ich die Rhythmusambulanz und ging von Hochgefühl erfüllt noch ein bisschen shoppen, zur Belohnung sozusagen.

Natürlich war es dann doch nicht ganz so einfach. Es musste einige Zeit experimentiert werden, welcher Betablocker jetzt der Richtige für mich war, die Dosierungen wurden rauf- und wieder runtergeschraubt, ich hatte Nebenwirkungen, nahm ordentlich zu und war frustriert. Mein Herz war mal ruhig, mal nicht und ich hatte noch ein weiteres Jahr Geduld. Dann „flippte" mein Herz wieder einmal unvermutet mitten im Dienst aus und ich landete mit dem Notarztwagen im örtlichen Krankenhaus. Nach drei Tagen wurde ich wieder entlassen, hatte allerdings in der Zwischenzeit Kontakt mit der Rhythmusambulanz in der Stadt aufgenommen, in der ich bereits vorstellig geworden war. Ich bekam recht schnell einen Termin und wurde dieses Mal vom Chefarzt persönlich beraten. Prof. A. war ruhig und sachlich, erklärte mir alles noch einmal sehr genau und schloss mit den Worten, dass ich auf Grund der Heftigkeit der Anfälle und der bereits sehr lange andauernden und immer wiederkehrenden Probleme eine Kandidatin für eine Ablation sei.

Da ich bereits einmal eine Katheteruntersuchung im Herzen hinter mich gebracht hatte, als man noch auf Herzinfarkt tippte, war ich wenig begeistert. Ich erbat mir etwas Zeit, die er mir verständnisvoll gewährte.

In den nächsten Wochen recherchierte ich, was das Zeug hielt, erkundigte mich nach den unterschiedlichen Verfahren und natürlich auch nach meinem Behandler. Offenbar hatte ich ziemliches Glück, denn Prof. A. kam von einer renommierten Klinik in Norddeutschland, die mit Ablationen bei dieser Art von Rhythmusstörungen nicht nur viel Erfahrung, sondern auch viel Erfolg hatte.

Und so entschloss ich mich nach einer weiteren Attacke und rund 15 kg mehr durch den Betablocker auf der Waage zu diesem Eingriff.

Die Aufnahme war ruhig, freundlich, versiert. Man kannte mich ja nun schon und ich zum Glück sowohl die Ärzte, als auch die Klinik. Der Prof. kam mit drei weiteren Ärzten zum Aufklärungsgespräch, im Schlepptau einen Anästhesisten, denn im Gegensatz zur Katheteruntersuchung bei Verdacht auf Herzinfarkt, sollte ich dieses Mal schlafen dürfen und nichts mitbekommen. Keine Vollnarkose, wie mir der Prof. versicherte, aber schlafen würde ich trotzdem.

Ich saß da in meinem Bett und meine Tapferkeit war wie weggeblasen, mein Mut und meine „ich bin völlig cool" Maske leider auch. Mit wackeliger Stimme fragte ich: „Machen sie das, gehen sie da in mein Herz und reparieren diese Kabel und Leitungen, die ich zu viel habe?" Ich versuchte zu scherzen, denn ich hatte keineswegs eine Zusatzversicherung, die Chefarztbehandlung mit einschloss.

Prof. A. sah mich lächelnd an: „Das mache ich," antwortete er, „das verspreche ich ihnen." Und ich war wirklich erleichtert und schlief tatsächlich halbwegs beruhigt ein.

Am nächsten Morgen weckte mich eine lächelnde Krankenschwester, die mit Rasierzeug in der Hand am Bett stand. „Dann wollen wir mal," tönte sie fröhlich und ich zeigte ihr ein bisschen beschämt meine blitzblank rasierten Leisten. „Hab schon," murmelte ich verlegen. Denn das wollte ich dann doch lieber schon selbst gemacht haben und in der Aufklärung hatte ich ja erfahren, dass die Katheter durch die Leisten eingeführt werden würden und ich nach dem Eingriff mit Druckverbänden ungefähr 12 Stunden[2] auf dem Rücken würde liegen müssen. Kein Spaziergang, aber nun mal notwendig.

Dann wurde ich in den OP gefahren, mit klopfendem Herzen und mulmigem Gefühl. Nicht so angenehm, dass meine Arme seitlich fixiert wurden und kurz schoss Panik in mir hoch. „Das ist nur, weil sie ja keine Vollnarkose bekommen und nicht völlig wegegetreten sind," erklärte mir auch gleich der OP Pfleger beruhigend. „Nicht dass sie unserem Professor die Instrumente aus der Hand reißen und selbst ran wollen!" Er zwinkerte mir zu und ich musste grinsen und ließ ihn gewähren. Weiter ging es mit verkleben und verkabeln, ich wurde mit Jod bepinselt und unter das Röntgengerät geschoben und dann kam der große Moment. „Jetzt überlegen sie mal, wohin sie reisen wollen im Traumland!" Der OP Pfleger lächelte mich hinter seiner grünen Maske an. „An den Teich in unserem Garten," sagte ich und lächelte ihn an. Und das war dann auch schon das Letzte, was ich sagte, denn ich rauschte ins Land der Träume.

„Frau V.! Hallo, kommen sie mal zurück aus dem Garten. Wir sind fertig, hallo!", ich spürte, wie mir jemand die Wange klopfte und machte mühsam die Augen auf. Prof. A. stand neben meinem Bett und lächelte mich an. „Na, wieder da?" fragte er. „Sie," nuschelte ich, „sie

30

haben es also wirklich selbst gemacht." „Ja sicher," schmunzelte er, „das hatte ich ihnen ja versprochen. Es ist übrigens alles gut gegangen, wir haben alles erwischt, es hat insgesamt zweieinhalb Stunden gedauert. Zwischendurch mussten wir sie einmal wecken und ein bisschen ärgern, Da wollten sie kurz gehen," lachte er „aber wir konnten sie überreden, zu bleiben. Jetzt stillliegen und noch ein bisschen schlafen, ich gucke nachher nach ihnen und erkläre ihnen alles." Dann verschwand er und ich begab mich wieder ein bisschen in meinen Gedankengarten.

„Ich kann nicht mehr, mein Rücken tut so dermaßen weh, alles ist irgendwie steif. Kann mich bitte jemand erlösen? Und wenn ich doch…nur ein kleines bisschen," ungefähr tausend Gedanken schossen mir durch den Kopf und das in schöner Wiederholungsschleife. Da lag ich nun seit Stunden ganz still auf dem Rücken und ganz flach und überlegte, ob das wohl so eine gute Idee gewesen war mit der Ablation. Ich tastete unter der Bettdecke ganz vorsichtig an den halben Birnen aus Styropor, die unter dem wirklich, sehr strammen Druckverband auf meine Leisten drückten. Es tat einfach alles irgendwie weh. Als mich die schwarzen Gedanken gerade komplett einholen wollten, kam die Schwester rein und tönte gut gelaunt: „Na, da wollen wir doch mal gucken, wie es aussieht." Sie hob die Bettdecke und ich erwartete ein rotes Meer aus Blut zu sehen –

aber nein, Jodbeine unter der weißen Decke. Sie lächelte mich an und meinte fröhlich: „Ich hebe mal vorsichtig an, die Zeit ist ja um. Ist ihnen sicher lang vorgekommen, aber das geht allen so. Morgen haben sie das schon vergessen." Und sie zog den Klettstreifen hoch, nichts, ganz dicht. Ich seufzte vor Erleichterung. Dann ging es an die andere Seite, auch ganz vorsichtig hoch sie an und es spritze nur so los! Ich drückte im Reflex den Finger auf die blutende Leiste. „Da habe ich wohl ein Leck," versuchte ich zu scherzen, doch die Schwester drückte schon wieder fest mit einer Kompresse, ruhig und routiniert. „Na, schöner Mist," entschlüpfte ihr der Fluch, „da werden wohl noch ein paar Stunden dazu kommen." Fast hätte ich geheult, biss mir dann aber auf die Lippen und stöhnte „Klar, wird schon gehen." Und dann ging es wirklich und ich döste sogar ein, denn auch wenn ich unbequem lag und wenn ich spritzendes Blut nicht wirklich prickelnd fand, so war mein Herz doch herrlich ruhig „Bumbum, Bumbum, bumbum!"

Nach einer erstaunlich ruhigen Nacht kam am nächsten Morgen bei der Visite der Professor und erklärte mir die OP ganz genau. Ich möchte hier jetzt nicht auf alle Einzelheiten eingehen, denn heute, 12 Jahre später sind die Methoden sicher schon wieder verbessert. In der Medizin sind 12 Jahre eine enorme Zeit der Entwicklung.

Jedenfalls durfte mein Mann mich am nächsten Tag, nur zwei Tage nach dem Eingriff, wieder abholen.

Mein neuer Freund heisst Katheterablation

Vorsicht war jetzt angesagt, denn es hatte jede Menge Verhaltenshinweise zur Entlassung mitgegeben. 10 Tage ausruhen, die Leisten schonen, nicht schwer tragen, weder Fahrrad, noch Auto fahren, die Beine hochlegen und den lieben Gott einen guten Mann sein lassen. Zu meinem Leidwesen musste ich den Betablocker weiter einnehmen und auch ein leichter Blutverdünner in Form von ASS 100 wurde mir verordnet. Irgendwie hatte ich gehofft, Ablation – und alles sei gut. Mein Mann verwöhnte mich mit Büchern und Obst und ich dümpelte auf dem Sofa vor mich hin. Schmerzen hatte ich bereits drei Tage nach dem Eingriff an den Punktionsstellen kaum und auch meine Leisten waren nicht, wie gefürchtet, blau angelaufen. Alles bene, dachte ich also. Aber Pustekuchen, noch nicht alles bene, denn am vierten Tag spielte mein Herz total verrückt. Dieses Mal nicht nur einfach mein schon gewohntes Rasen, sondern noch ein irrer Tobsuchtsanfall an Durcheinander. Ich hatte das auch früher schon ab und zu bemerkt, dem aber weiter keine Bedeutung zugemessen, wie dem

Herzrasen ja auch nicht mehr. Doch jetzt hüpfte mein Herz ausser Rand und Band herum. Ich versuchte mich zu beruhigen, mein Mann redete mir gut und wir zogen auch Nachwirkungen des Eingriffs in Erwägung. Da mein Herz sich aber nach drei Stunden noch immer nicht beruhigt hatte und ich bedenklich blass wurde, rief mein Mann den RTW und ab ging es ins nächstgelegene Krankenhaus. Hier entschied mein Herz sich dann von alleine zu beruhigen, zum Glück waren aber einige der Hopser aufgezeichnet worden.

Ich wurde von der Notaufnahme auf die Station verfrachtet, erstmal zur Beobachtung. Da mein Herz in der Nacht ruhig blieb, passierte auch nichts weiter an Untersuchungen.

Am nächsten Morgen wollte die junge Ärztin dann erstmal die Medikamente absetzen, den Betablocker und auch den Blutverdünner. Zum Glück war mein Mann schon da, denn ich war gerade nicht wirklich in der Lage mich zu widersetzen, geschweige denn zu widersprechen. Zu enttäuscht lag ich da ein bisschen handlungsunfähig vor mich hin. Ich, die sonst immer ziemlich tough und vor allem lösungsorientiert war, hatte keine Lösung parat.

„Nichts da," sagte mein Mann ganz ruhig. Prof. A. hat extra Anweisung gegeben, die Medikation für die nächsten drei Monate so beizubehalten. Leider fielen seine Worte keineswegs auf fruchtbaren Boden, sondern eher auf taube Ohren. „Sie können ja gehen, wenn ihnen nicht passt, was ich sage! Schließlich bin ich die Ärztin," antwortet Frau Jung Doktor da. „Das ist eine gute Idee," schnauzte mein Mann jetzt zurück, ich rufe nur schnell den Prof A. an und sage dann Bescheid!" Gesagt, getan. Die Klinik, in der ich die Ablation hatte machen lassen riet, dass mein Mann mich umgehend, sollte ich transportfähig sein, zurückbringen solle. Das würde der Prof. sich gerne selbst ansehen.

Und so fuhren wir vier Tage nach der ersten Ablation zurück in die Klinik. Die Aufnahme erfolgte zügig und nach nur 30 Minuten stand der Prof. an meinem Bett. „Na Frau V. dass wir uns so schnell wiedersehen, hatte ich weder erwartet noch gehofft. Aber offenbar hat sich hinter der AVNRT noch eine weitere Rhythmusstörung versteckt. Sie haben zusätzlich Vorhofflattern[3.]

Das habe ich jetzt so häufig auch nicht gesehen, dass es sich so versteckt." Ein bisschen kummervoll sah er mich an. „Ich schlage eine weitere Ablation vor – morgen!"

Ich schluckte. Morgen schon. Und dann dachte ich an das verrückte Durcheinander, das mein Herz veranstaltet hatte und stimmte zu. Aufgeklärt war ich ja schon und die Löcher in den Leisten, konnte man ja vielleicht nochmal nutzen. Und so lag ich, das zweite Mal in vier Tagen, auf dem OP Tisch. Das gleiche Team, das gleiche Versprechen und auch die gleichen Rückenschmerzen.

Angst hatte ich bei diesem Mal deutlich weniger, ich kannte das ja schon.

Ich lag jetzt viereinhalb Stunden auf dem Tisch, aber das war mir egal, denn ich schlief ja wieder. Als ich erwachte, stand wieder der Prof. an meinem Tisch und lächelte mir aufmunternd zu. „Wir haben alles erwischt, das sollte jetzt halten, ich sehe nachher noch einmal nach ihnen und wenn alles gut bleibt, dürfen sie übermorgen nach Hause."

Es blieb alles gut, ich hatte nicht mal ein Leck bei diesem Mal und ich durfte nach Hause. Die ganze Prozedur von vorne, mit einem Unterschied – mein Herz blieb ruhig. Ganz ruhig. Es raste nicht, es schlug keine Kapriolen, es klopfte, funktionierte bilderbuchmäßig und ich – ich war einfach nur froh.

Da es der zweite Eingriff am Herzen innerhalb von vier Tagen war, hatte man vom Sozialdienst der Klinik aus, eine Reha für mich beantragt und nach drei Wochen Hausarrest fuhr mein Mann mich ins schöne Sauerland in die Rehaklinik.

Das Herz funktioniert – und jetzt?

Meine erste pschokardiologische Reha! Das „psycho" in Reha hatte mich schon nervös gemacht, denn ich fand keineswegs, dass ich ein „Psycho" war, obwohl meine Herzrhythmusstörungen ja häufig als „psychosomatisch" eingeordnet worden waren.

Was allerdings im Laufe der Jahre passierte war, dass ich natürlich Ängste entwickelt hatte. Manchmal hatte ich ja das Gefühl, dass ich vielleicht nicht mehr gesundwerden würde, dass mein Herz einfach stehen bleibt. Es war so unberechenbar mein kleines Herz, dass mich die Attacken überall erwischt hatten. Bei der Arbeit, im Konzert, bei Sportveranstaltungen, im Urlaub, beim Einkaufen oder auch einfach beim Lesen im Garten. Ständig war ich auf der Hut, fing an, mich selbst zu beobachten und Dinge zu vermeiden, die mir früher Spaß gemacht hatten.

Dieses Verhalten hörte nach den Ablationen nicht plötzlich auf, hatte es sich doch über 20 Jahre hinweg eingeschlichen.

Mein kluger Prof. hatte das bemerkt und nach seinen Versicherungen, dass mein Herz jetzt wieder top funktionieren würde, mein Misstrauen bemerkt und genau das Richtige veranlasst.

Aus heutiger Sicht und mit heutiger Erfahrung muss ich allerdings sagen, diese 1. Reha war ein netter Versuch mich wieder in die Spur zu bringen. Sicher habe ich ein paar Dinge mitgenommen, aber nicht genug, um den Alltag wieder angstfrei bewältigen zu können. Mein Herz blieb ruhig, mein Misstrauen nicht. Ich nahm meine Arbeit wieder auf, fuhr mit meinem Mann auch in den Urlaub, aber immer noch mit einem unguten Gefühl, mit diesem „Na, ob das so bleibt?"

Weil ich generell ein Mensch bin, der mit Abwarten und Geduld haben nicht sonderlich gut umgehen kann, entschloss ich mich, eine Verhaltenstherapie zu machen. Und was soll ich sagen? Die beste Entscheidung meines Lebens! Mit meinem Therapeuten zusammen erarbeite ich Strategien zum Umgang mit meiner Herzangst, bis hin zu Trainings, bei denen er mich mitten im Gelände aussetzte und ich ohne Hilfen alleine zurücklaufen musste. Oder einer Zugfahrt (ich hasse Zugfahren), bei dem ich nicht zwischendurch aussteigen konnte, sondern sitzen bleiben musste bis zum Ziel. Mein Herz – blieb ruhig und mit der Zeit gewann ich Vertrauen zu meinem Herzen und zu mir selbst zurück.

Es wurde so gut, dass ich sogar ganz alleine zu meiner Tochter in die USA fliegen konnte. Ein zwölf Stunden Flug, riesige Flughäfen in Frankfurt und Dallas und zu null Prozent die Möglichkeit einer Flucht oder eines nahen Krankenhauses. Zwar hatte ich sekundenlang das Gefühl, ich müsse jetzt und sofort aus dem Flieger springen, als sich die Türen schlossen, doch ich konnte die kurz aufkeimende Angst überwinden und den Flug über den großen Teich sogar entspannt genießen. Mein Herz funktionierte!

Wieder alles offen

Es war wie ein herrliches, neues Leben für mich. Nachdem mein Herz sich viele Jahre immer wieder gemeldet hatte, blieb es jetzt ruhig. Nach einiger Zeit rückten meine

Rhythmusstörungen so weit in den Hintergrund, dass ich sie komplett vergaß und mein Leben genoss.

Um so überraschter war ich, als ich eines Tages im Dienst saß, mein Herz hüpfen und zittern spürte, es wilde Kapriolen schlug und mir für Augenblicke ganz schwindelig und schwummerig wurde. Durch die Therapie von damals, konnte ich jedoch gut damit umgehen und blieb ganz ruhig. Ich starrte auf meinen Bildschirm und bemerkte, dass ich am Rand des Sehfeldes nur noch prismaartig sehen konnten. Ein bisschen, als würde man durch ein Kaldeidoskop sehen. Dann setzten heftige Kopfschmerzen ein. Komisch, Kopfschmerzen kannte ich nun wirklich nicht, höchstens bei einem grippalen Infekt. Ich rief meine Kollegin, die im Nebenzimmer war, denn aufstehen konnte ich irgendwie nicht. Ich arbeitete damals, genau wie heut, im Sozialdienst einer psychiatrischen Klinik und meine Kollegin, Krankenschwester hatte irgendwie mit einem Blick erfasst, dass da etwas ganz und gar nicht stimmte. Sie wollte mich nach Hause fahren, aber stur wie ich war, meinte ich, dass das schon ginge. Die Kopfschmerzen würden auch schon nachlassen. Wahrscheinlich wäre ich einfach nur unterzuckert, was natürlich komplett gelogen war! Da mein Herz aber zu diesem Zeitpunkt schon wieder ruhig war, machte ich mir keine allzu großen Gedanken, setzte mich in mein Auto und fuhr vorsichtshalber zu meiner Hausärztin. Erst als diese mich ans

EKG anschloss und mich ziemlich entsetzt ob meiner Schilderungen ansah, schwante mir, dass da doch ein bisschen mehr passiert war, als ich wahrhaben wollte. Denn gefühlte zwei Minuten später befand ich mich im Rettungswagen auf dem Weg ins Krankenhaus mit Verdacht auf Schlaganfall nach Vorhofflimmern. „Schlaganfall, mit knapp 50, Nichtraucherin! Na toll!", dachte ich und heulte ein bisschen, weil ich das alles so ungerecht fand.

Im Krankenhaus angekommen wurde ich umgehend behandelt. Der aufnehmende Arzt war sehr nett und hörte sich meinen Bericht ruhig an. „Na, da hat ihr Herz ja ganz schön was losgetreten," meinte er, nachdem er das EKG angesehen hatte.

„Sie haben wahrscheinlich eine TIA[4] auf Grund von Vorhofflimmern. Das ist ein bisschen, als hätte man ihnen einen Mixer ins Blut gehalten und ein winziger Blutpfropf ist durch ihr Gehirn geschossen. Wir werden sie jetzt auf die Stroke Unit, die Schlaganfall Intensiv Station verlegen und ihr Blut sehr, sehr verdünnen, damit keine weiteren Probleme entstehen." Sehr anschaulich erklärt, wie ich fand und ich bekam das Bild vom Korken in meinem Kopf nicht mehr aus dem Sinn.

Nach einem Schädel CT und etwas, dass man Lyse nennt und bei der das Blut ungefähr noch die Konsistenz von Wasser hat, lag ich in meinem Bett auf der Schlaganfall Intensiv. Damit hatte ich nun gar nicht gerechnet. Ich hatte weder mein Herz irgendwie als sehr störend empfunden, noch an einen Mini – Schlaganfall gedacht. Aber so war es nun mal und als alle weiteren Untersuchungen zum Glück keine bleibenden Schäden zeigten, durfte ich jetzt eingestellt mit wieder einmal einem Beta Blocker und einem Blutverdünner, wieder nach Hause.

Ablation Teil drei

Sie kenne das, das mit der trügerischen Ruhe? Ich gehe mal davon aus, dass sie eine gewisse Erfahrung damit haben und auch mit Herzrhythmusstörungen, denn sonst hätten sie mein Buch ja gar nicht gekauft. Jedenfalls schlich sich bei mir so eine gewisse Ruhe ein. Mal lief mein Lebensmotor ganz rund und taktrein, mal stolperte er ein bisschen vor sich hin, aber immer nur so wenig, dass ich mir nicht unbedingt Sorgen machte. Oft gelang es mir ganz gut, diese kleinen Störungen zu ignorieren. Ich nahm brav meine Medikamente und ging ansonsten dem ganz normalen Leben nach, bestehend aus Arbeit, Freunde treffen, Sport und auch wieder Wettkampf als passionierte Boulespielerin, Reisen nach Amerika, zu meiner Tochter und was man eben so macht.

Dann eines Tages passierte etwas, was meine Sorgen um mein Herz wieder entfachte. Ein weltweit agierendes Virus Namens Covid19 hielt jetzt alle in Atem. Die Flut von

Informationen brachte auch die unerwünschten Folgen dieser Erkrankung mit sich. Ich machte mir plötzlich wieder Sorgen um mein Herz.

Dann erkrankte ich im Oktober 2020 an einer ganz profanen Grippe und plötzlich waren sie wieder da, meine Herzrhythmusstörungen. Zunächst dachte ich mir nichts weiter dabei, mein Herz hüpfte und hopste wieder einmal völlig aus dem Takt, ich ging jedoch weiter arbeiten und schenkte dem weiter keine große Beachtung, auch wenn es sich irgendwie anders anfühlte als sonst. Meine Ängste hatte ich ja gut in den Griff bekommen und so sorgte ich mich nicht übermäßig.

Obwohl ich Bedenken hatte, weil noch so neu und unerforscht, ließ ich mich gegen Covid impfen, sobald es möglich war. Schließlich arbeite ich selbst in einer Klinik und konnte gut darauf verzichten an so etwas Unheimlichem zu erkranken.

Trotz aller Unkerufe vertrug ich die Impfungen gut, mein Herz meldete sich nicht mehr, als ohnehin schon. Ich schrieb die aktuellen Rhythmusstörungen weiter der überstandenen Grippe zu und ein wenig auch dem Stress im Dienst. Dann, am Abend des 30. April, war mir irgendwie ganz seltsam. Mein Herz machte noch schlimmere Kapriolen als sonst und auch die zwei Glas Wein, die ich mir mit meinem Mann gönnte, machten es nicht besser, sondern eher noch schlimmer.

Wir gingen nicht spät ins Bett, denn am nächsten Tag wollten wir mit einem Freund den 1. Mai mit einem guten Essen begrüßen, das ich gerne gut vorbereiten wollte.

Beim Frühstück war mir schon komisch, ich fühlte mich völlig matt und schlapp, kam kaum die Treppe hoch, schon das Duschen war ein Abenteuer.

„Bloß jetzt nicht krank werden," schoss es mir durch den Kopf, denn schließlich wollte ich etwas Gutes für den Abend kochen.

Mein Mann schnappte sich unseren Hund, damit ich wirklich Ruhe hatte, mir ging es inzwischen immer schlechter. Mein Herz schlug wild und komplett ohne vernünftigen Takt und ich hatte das Gefühl, mein Kopf würde platzen.

Als mein Mann wiederkam, meinte er vorsichtig „Hast du schon mal den Blutdruck gemessen?" Als ich verneinte, stellte er mir wortlos das Gerät hin und sah mir über die Schulter. Bereits während des Messens sagte er ganz ruhig: „Ich ruf dann mal den Krankenwagen." Ich konnte nur noch nicken, so erschöpft war ich inzwischen. 264/ 200 hatte mein Gerät angezeigt vom Puls, der völlig unregelmäßig angezeigt wurde und mir brach der Schweiß aus. Ich muss dazu sagen, dass ich nie hohen Blutdruck habe und demnach ziemlich erschrocken war.

Dann war der Krankenwagen samt Notarzt auch schon da, das gleiche Messergebnis. Rauf auf die Trage, Zugänge gelegt, ich inzwischen ziemlich weggetreten, bekam nur noch mit wie der Notarzt etwas von „Verdacht auf

Herzinfarkt, Blutsenker und nächste Klinik",
sagte. Dann wurde es dunkel.

Zwischendurch war ich immer mal kurz
anwesend, plapperte wirres Zeug und war
wieder weg. So richtig zu mir kam ich dann
erst wieder in der Notaufnahme. Zum Glück
war es kein Herzinfarkt, sondern eine
Herzrhythmusstörung und ganz neu dieses
Mal Vorhofflimmern. Als der Arzt mir das
mitteilte, beruhigte es mich ein wenig,
andererseits ging mir durch den Kopf, dass ich
mit den ganz Rhythmusstörungen, die mein
Herz so aufwies wirklich die A – Karte gezogen
hatte, wie man so schön sagt. Erst Reentry,
dann Vorhofflattern, zwischenzeitlich hatten
sich ja noch VES, manchmal über 20000 am
Tag und SVES (ventrikuläre und
supraventrikuläre Extrasystolen) [5] gezeigt.

Ich bekam zunächst weiter Blutdrucksenker,
da durch das Vorhofflimmern eine
hypertensive Krise aufgetreten war, also der
plötzliche, starke Bluthochdruck. Zusätzlich
wurde mir ein Antiarrhythtmikum verordnet,
von dem ich erstmal kollabierte. Meinen
Blutverdünner hatte ich ja noch und sehr
wahrscheinlich hatte der auch dafür gesorgt,
dass ich bei diesem Flimmern keinen
Schlaganfall erlitt.

Letztendlich dauerte der ganze Spaß, der
keiner war, fünf Tage. Dann sprang mein Herz
wieder in den richtigen Sinusrhythmus. Ich
war völlig erschöpft und kaputt und wollte
dergleichen auf gar keinen Fall wieder erleben.
Daher machte ich mich nach der Entlassung

aus dem Krankenhaus auf und begann mit meiner Recherche. Von Notfallmedikation (Pill in the pocket) über Dauermedikation, ich las die unterschiedlichsten Artikel und Bücher, informierte mich so umfassend wie ich nur konnte.

Dann stieße ich in einer Ausgabe der „Herz heute" der Deutschen Herzstiftung auf einen interessanten Artikel über Ablation bei Vorhofflimmern.

DAS wollte ich auch! Ich wollte nicht ständig mit der Angst leben, dass mein Herz wieder dermaßen fehlfunktionieren könnte und auch nicht auf Antiarrhythmika eingestellt werden, die in meinen Augen doch recht viele Nebenwirkungen aufwiesen. Mit meinem Blutverdünner hatte ich mich arrangiert und vertrug ihn auch gut.

Nach weiteren Recherchen zu guten Kliniken und nachdem ich meine Wahl getroffen hatte, bekam ich tatsächlich sogar innerhalb von zwei Wochen einen Termin. Ein Vorgespräch, Erklärungen, alles wirklich sehr gut gestaltet und so begab ich mich in die Hände des Rhythmologen, Ablation Nummer drei!

Alter Hase, der ich nach zwei Ablationen ja schon war, wurde ich positiv überrascht, dass ich dieses Mal nur sechs Stunden liegen musste. Die Ablation hatte ich gut überstanden und bis auf Schmerzen beim Einatmen, die allerdings nach drei Tagen auch verschwunden waren, ging es mir gut. Zunächst musste ich Antiarrhythmikum, Blutverdünner und Betablocker zwar noch weiter nehmen, aber der große Schrecken war beseitigt. Mit den VES und SVES, die noch blieben, konnte ich recht gut leben.

Da ich allerdings ziemlich angeschlagen von der ganzen Sache und den schon wieder lange dauernden Rhythmusstörungen war, wurde mir wieder eine Reha vorgeschlagen. Dieses Mal stimmte ich sogleich zu und hatte wirklich sehr, sehr gute Unterstützung sowohl von meinen Ärzten, als auch von der Krankenkasse und meinem Rentenversicherungsträger.

Knapp acht Wochen später trat ich nach 12 Jahren meine 2. Psychokardiologische Reha in der Nähe von Berlin an. Und darüber möchte ich tatsächlich etwas ausführlicher scheiben, denn was ich dort gelernt habe, hat mich beeindruckt und nachhaltig verändert.

Reha 2.0 [6]

(Tag der Ankunft)

Nach einer aufregenden fünf Stunden dauernden Fahrt, biege ich in die Toreinfahrt „Ost" ein und bewundere die schönen Backsteinbauten, die den Weg zur Klinik säumen. Der erste Blick auf das zweistöckige Gebäude im Sonnenlicht, erfüllt mich mit Hoffnung. Es sieht hell und freundlich aus und sogar vom Auto aus, kann ich einen Park, viele Bäume und sehr viel Landschaft sehen. Ich parke mein Auto auf einem Parkplatz unter Eichen und beschließe, mich erst einmal anzumelden. Als ich aussteige, empfängt mich für die Jahreszeit warme Luft, sie duftet nach gemähtem Gras und Herbst und ein bisschen nach Sonne. Ich schreite also mutig Richtung Eingang und wie von Geisterhand öffnen sich die großen Glastüren und schließen sich automatisch auch schon wieder hinter mir. Ein Gefühl der Enge und des eingeschlossen Sein kriecht in mir hoch, doch ein Schritt zurück lässt sich die Türen wieder öffnen und das Gefühl vergeht.

Einigermaßen verwirrt blicke ich mich um und denke, dass ich sehr gerne gelassener wäre, als ich es bin. Nachdem ich bei der Anreise den „finden Sie ganz einfach ihren Weg zu uns", Hinweisen in den Reha Unterlagen gefolgt bin, in denen leider kein Wort von den Umleitungen stand und ich einige Zeit herumkurven musste, bin ich jetzt doch ein bisschenverwirrt und erschöpft.
Einziger Trost, ich erblicke drei mindestens ebenso verwirrte Menschen, die offenbar auch neu und noch einigermaßen desorientiert sind. Ich werde sie später noch kennenlernen.

Da ich erst gegen Mittag angekommen bin, ist es schnell auch Zeit für das Mittagessen und ich sitze mit Ella an einem Tisch. Auf Grund der Hygienebestimmungen in Corona Zeiten wird in drei Schichten gegessen und meine Befürchtungen von zugewiesenen Plätzen und viel Lärm zerfallen zu Staub. Man darf sitzen, wo immer man möchte und mit wem man immer möchte. Klasse! Ella kommt aus dem sehr nahen Berlin und ist genauso erschlagen und müde wie ich. So wird das Gespräch nicht eben üppig, was uns beide aber nicht stört.

Nach dem Essen geht es zur Stationsschwester und nach einer Flut von durchaus freundlich vorgebrachten Informationen, stolpere ich erledigt in mein Zimmer. Es riecht ein bisschen nach Abfluss und die Schwester tröstet mich mit den Worten, „Das kommt immer, wenn die Technik die Abflüsse reinigt. Wenn es bis morgen nicht besser ist, einfach Bescheid sagen, die beheben das dann." Und ich freue mich schon darauf, mit diesem besonderen Duft einzuschlafen! Kann ja durchaus auch betäubend schlaffördernd wirken.

Nach Kurzaufklärung und Blutdruck messen, der durch Schlafentzug, Autofahrt und Aufregung durch die Decke schießt, darf ich endlich meine Sachen aus dem Auto holen und mich häuslich einrichten. Mein Herz rumpelt durch den Schlafentzug ordentlich und entschließt sich erstmal überhaupt nicht im Takt zu bleiben. Da ich gerade in heroischer

Stimmung bereits dreimal die drei Stockwerke rauf und runter gelaufen bin, ich will ja etwas für meine Gesundheit tun, genieße ich jetzt die Fahrstuhlfahrt. Mit dem vielen Gepäcke kann ich ja kaum laufen!

Ich betrachte mein Zuhause für die nächsten sechs Wochen genauer. Das Zimmer ist zweckmäßig eingerichtet, die Möbel hell und von guter Qualität, ich habe die Morgensonne in meinem Raum und einen herrlichen Ausblick auf Baumwipfel und alte Häuser, sehr idyllisch. Sogar ein Stück vom Parkplatz kann ich sehen, auf dem mein Auto steht. Und Platz, wirklich viel Platz in den Schränken. Alle meine Sachen kann ich problemlos unterbringen, ohne zu stopfen und zu stapeln. Das gefällt mir mit meinem Ordnungsfimmel wirklich gut. Auch das Badezimmer, hinter einer Schiebetür verborgen, bietet mit einer großen ebenerdigen Dusche und einer langen Ablagefläche vor dem großen Spiegel Platz genug für all meine Cremetiegel, Fläschchen und solch Zeug.

Nach dem Essen stöbere ich durch die Klinikunterlagen. „Psychokardiologie" steht auf dem Therapieplan und ich merke, dass mich das „Psycho" ein wenig ärgert. Nicht, weil ich psychiatrische Erkrankungen nicht ernst nehme, denn ich weiß welches Leid diese mit sich bringen arbeite ich doch in einer psychiatrischen Klinik, sondern weil ich fast

20 Jahre als Hypochonderin abgestempelt wurde, die nichts hat! Und gleichzeitig weiß ich, dass die Psyche eine große Wirkung auf das Herz haben kann und dass es da auch bei mir sicher immer mal wieder einiges zu optimieren gibt.

Die Zeit verfliegt und das Abendessen ruft. Jetzt sitze ich mit Meike zusammen am Tisch und wir haben irgendwie sofort einen Draht zueinander. Da mir das eher selten passiert, freue ich mich. Sie erzählt ein bisschen von sich und warum sie hier ist und ich steuere meinen Psychokardiokram bei. Wir beschließen an den Wochenenden, an denen keine Therapie stattfindet, etwas zu unternehmen und einigen uns direkt auf Sanssouci in Potsdam am kommenden Wochenende, gerne zusammen. Manchmal kann es so einfach sein, auch mit ganz fremden Menschen.

Das Essen ist gut, aber ich bin zu müde, um wirklich viel zu essen. Schließlich wartet ja auch noch die angekündigte Hausführung auf uns.

Um 19.00 Uhr treffen sich dann also acht Neuankömmlinge in der großen Halle, in der uns zwei sehr engagierte „alte Hasen" (zu denen gehöre ich nach zwei Wochen übrigens selbst, aber das wusste ich an diesem Abend noch nicht) begrüßen, die uns die Reha Klinik und die Umgebung schmackhaft machen wollen. Alexandra beeilt sich noch, uns mitzuteilen, dass man mit den angekündigten 30 Minuten nieee hinkommt und es daher eine Stunde werden wird, die sich allerdings dann als anderthalb Stunden entpuppt. Gut, dass ich das nicht vorher gewusst habe, mein Herz, mein Rücken und meine Füße hätten wirklich um einen Dispens gebeten! Trotz großen Bemühens meinerseits habe ich nur die Hälfte mitbekommen und kann mir wahrscheinlich ungefähr ein Viertel davon merken. Nett war es trotzdem mit allen zusammen durch die noch warme Dunkelheit zu laufen. Nur die Tore, die die Wildschweine abhalten sollen (und wir sind hier in der Stadt, keineswegs im Wald!), beunruhigen uns einen Hauch. Unsere Führung tröstet uns aber mit den Worten, dass es auch Füchse und putzige Eichhörnchen hier gibt.

Völlig erledigt latsche ich gegen 20.30 Uhr in mein Zimmer, noch ein schnelles Gute Nacht an meine Mitstreiter und wir beschließen unisono, heute geht´s für alle früh ins Bett! Gute Nacht zusammen.

Wo ich hingehöre?

Nach einer sehr unruhigen Nacht, trotz „Topper" auf meiner Schaumgummimatratze, wache ich am 2. Tag früh auf. Es ist noch dunkel, denn ich muss früh zum Blut abnehmen. Gefroren habe ich auch, aber die nette Hausdame sorgt im Handumdrehen für eine dickere Decke. Frohgemut, der Blutdruck ist auch besser, laufe ich auch heute wieder tapfer die zwei Stockwerke hinab zum Frühstück und erledige somit die erste Sportrunde. Meike und ich sitzen wieder zusammen und schmieden beim Kauen Wochenendpläne und trennen uns dann für die unterschiedlichen Unternehmungen des Tages. Ich muss in die Entspannungseinführung und hoffe nur, dass die Frau da vorne weiß was sie tut (ich habe da gaaaanz andere Erfahrungen!) und zum Glück für mich und alle anderen weiß sie es ganz genau. Jetzt übe ich mich in der Rolle „Patient", unvoreingenommen zu sein, zuzuhören und nicht alles zu wissen, schon mal gar nicht besser. Dinge auf mich zukommen lassen und nicht regeln müssen. Eine tolle Übung für mich flippigen, schnellen, aktiven immer alles regelnden und kontrollierenden Menschen. Schon allein das bringt mich ins Schwitzen. Natürlich will ich mich darauf einlassen und freunde mich ganz vorsichtig mit dem Gedanken an.

Dann folgt das Bezugstherapeutengespräch bei meiner Therapeutin, die gar nicht meine Therapeutin wird und nur vertritt, weil meine im Urlaub ist. Sie bedauert es ein bisschen, denn ich gebe ihr einen tollen Tipp gegen ihre heisere Stimme, Berufskrankheit, kenne ich – und werde sanft und auch dankbar darauf hingewiesen, dass ich hier keinesfalls die „Kümmerin" bin. Mist, reingefallen!

Nach der Stunde habe ich freie Zeit, nichts in meinem Plan.

Jetzt habe ich wunderbar viel Zeit für mich. Zeit zum Runterkommen, Ankommen Umgucken. In meinem Tempo, toll.

Ich ärgere mich erst ein bisschen, dass ich mein E Bike nicht mitgenommen habe, beschließe dann allerdings lösungsorientiert ein Fahrrad zu mieten. Das geht hier auf dem Gelände ganz bequem bei der Werkstatt für behinderte Menschen der Diakonie. Ganz entgegen aller Unkerufe des Rundgangteams von gestern Abend, ist sogar ein für meine Größe passendes Damenfahrrad da, mit tiefem Einstieg, wie ich ein bisschen beschämt bemerke. Mein Helfer „Micha" ist wirklich klasse. Emsig preist er mir das Fahrrad an und erklärt mir die Vorteile der Wochenmiete gegenüber der Tagesmiete. Dann schraubt er ein bisschen an dem Rad rum, um es auf meine Maße anzupassen, wobei er mir immer wieder versichert „Ich finde, das passt schon". Auf meine Bitten hin, werkelt er allerdings emsig weiter. Zum Schluss den Lenker erhöht und gerichtet, weist er meine Hilfe mit den Worten „Ich bin ein Mann und du ein Mädchen, ich bin viel stärker," zurück. Über das Mädchen freue ich mich ein bisschen, das tröstet über den extra tiefen Einstieg hinweg.

Wenige Minuten später radle ich glückselig mit einem Siebengangfahrrad, von denen zumindest vier Gänge funktionieren, durch die Landschaft. Ganz schön puh, so ohne E, aber dennoch nett. Rumkurven und die Gegend erkunden ist eh mein Ding und ich lande bei der kleinen Einkaufsmeile unweit der Reha Klinik. Ein bisschen koffeinfreien Kaffee und Kräutertee gekauft, ein bisschen dies und das, was Frau halt so braucht und zugegeben trotz Packliste vergessen hat.

Dann geht es wie der Sausewind (na gut, das ist jetzt übertrieben) zur Klinik zurück. Froh bin ich, hatte ich mir doch kurz vor der Reise noch die Hacke geprellt und der Fuss tut weh. Ein Fahrrad, eine Wohltat. Ich sag´s ja immer wieder, Schmerzen hier, zucken da, alt werden ist nichts für Feiglinge.

Schnell sind die Einkäufe verstaut und der koffeinfreie Kaffee (ist besser für´s Herz) gemacht, dann genieße ich in der Nachmittagssonne das warme Gebräu.

Kurz vor dem Abendessen treffe ich mich mit Meike und wir buchen online Sanssouci für Samstag, schick wie das heute funktioniert. Das Wochenende wäre also gerettet und ganz sicher laufe ich trotz Schmerzen durch die

Hallen des großen Friedrichs und wenn mir der Fuß abfällt!

Das Abendessen verläuft heute gemütlich. Ich bin nicht mehr ganz neu und nicht mehr ganz überfordert und erschlagen und ich weiß schon, wie ein paar Dinge laufen und wo einige Räumlichkeiten sind. Zufrieden gehe ich im Halbdunkel noch eine kleine Laufmeile um die Klinik. Keine Wildschweine, keine Füchse, nicht mal ein Eichhörnchen. Nur Sterne und die leisen Unterhaltungen der Mitpatienten.

Das war ein guter Tag und morgen, sehe ich weiter.

Abgrenzen und so

Unruhige Nächte kenne ich seit Jahren, aber heute Morgen habe ich dann noch ein sehr unruhiges Frühstück dazu. An meinem Tisch sitzt „Dat Andrea" (das ist nicht despektierlich gemeint, so hat sie sich selbst vorgestellt, mit „Isch bin dat Andrea"), Kardiopsycho wie ich. „Dat Andrea" berichtete jedenfalls in schönstem sächsischen Dialekt und einer Sprechgeschwindigkeit, die ungefähr 220 km/h entspricht im Slalom von ihrem sehr kranken und ein bisschen faulen Mann, ihrem Job mit Jugendlichen, einem irren Nachbarn der keine Ruhezeiten einhält, einem neuen Tattoo und ihren Herzängsten. Es folgen Schilderungen ihrer Ängste, der genaue Verlauf einer OP, eingebettet in Erzählung eines Urlaubes in Griechenland, den sie mit ihrem Enkel gemacht hat und sämtlichen Unternehmungen, die in diesem Urlaub gelaufen sind. Das alles in ca. 15 Minuten. Ich habe nur die Hälfte verstanden, was wahrscheinlich auch gut ist.

Was nicht gut ist, ist dass MEIN Herz anfängt zu rasen, zu hopsen und zu stolpern, dass mir die Luft wegbleibt – stellvertretend für Dat Andrea wohl. Oder auch nur, weil ich merke, dass ich selbst all den Schrecken um meinen letzten Eingriff, die Alarmfahrt ins Krankenhaus, das tagelange Flimmern und die langen Monate der Rhythmusstörungen davor noch gar nicht verarbeitet habe. Zu Hause geblieben bin ich, ja. Ich die immer durchhält und weitermacht, konnte nicht mehr. Ich war erschöpft vom vielen und jahrelangen Aushalten und ja, ich bin es immer noch. Eigentlich dachte ich, es geht mir besser, eigentlich wollte ich die Reha schon gar nicht mehr und eigentlich wollte ich ganz schnell wieder arbeiten und in die Normalität zurück.

Und jetzt sitze ich hier und merke, dass ich mich noch gar nicht mit mir und meinem Herzen auseinandergesetzt habe. Ich habe abgewartet, gewartet, dass es wieder von alleine besser wird.

Das ist jetzt ja mal dumm gelaufen!

Nach der sehr modernen computergestützten Eingangsdiagnostik der psychokardiologischen Abteilung hier mit unendlich vielen Fragen, die ich ohne langes Nachdenken beantworten sollte, die mich ganz schön angestrengt hat und bei der ich wirklich ehrlich gewesen bin, treffe ich Meike auf einen kurzen Plausch im Wintergarten. Wir freuen uns, uns zu sehen, denn durch das „Mahlzeiten –Schichtsystem" treffen wir uns nicht häufig. Der Plan für heute Nachmittag und auch Abend wird abgesprochen und endlich tauschen wir Handynummern, da wir uns, weil in unterschiedlichen Abteilungen und Stationen, häufig verpassen. Meike findet Dat Andrea übrigens genauso anstrengend, wie ich! Puh und ich dachte schon, ich hätte vielleicht noch autistische Züge entwickelt.

Weiter geht es zum Vortrag „Kardiologische Reha" durch den Chefarzt persönlich. Mich gruselt es im Vorfeld ein bisschen, hatte ich doch, wie in meiner ersten Reha vor ungefähr hundert Jahren, einen arroganten Fiesling erwartet, der einem á là General Feldmarschall Befehle um die Ohren knallt.

Weit gefehlt und so bin ich angenehm überrascht. Der Chef stellt sich als warmherziger (passt zu Kardio), humorvoller

Mann von nebenan heraus, der uns auf Augenhöhe begegnet.

Der Vortrag kurzweilig und interessant, auch die weniger angenehmen Themen wie Rauchen und Alkohol in der Reha, werden annehmbar verpackt. Aus beruflicher Sicht würde ich ja sagen, er arbeitet geschickt mit Impact Techniken[7], die uns tatsächlich alle gleichermaßen mitreißen, wie zum Nachdenken anregen und wirklich zuhören lassen. So sehen wir eine Schnecke in dem Bemühen, eine schlecht gepflegte Parkbank zu bewältigen, was ihr zum Schluss gelingt. Das macht uns klar, dass Wege zur Gesundung mühsam sein können, sich aber letztendlich lohnen. Es folgt die Fotomontage einer Tankstelle, die „Reha" heißt und die letzte Tanke vor der Autobahn, nämlich der des Lebens ist. Private Fotos, tolle Kontraste zu alten Bildern der Umgebung in der wir hier in der Reha Klinik sind, die auch gezeigt werden. Kurzweilig und spannend, kann man Vorträge auch gestalten, Information und Lust auf mehr hat das in mir geweckt.

Nachdem ich am Wasserspender meine Trinkflaschen aufgefüllt habe, gehe ich auf mein Zimmer.

Die Sonne lächelt durch mein Fenster und ich setze mich hin, um durch zu schnaufen. Da liegt noch der kleine Apfel von heute Morgen und ich habe große Lust, den jetzt zu knabbern. Die Füße auf dem Fensterbrett, die Sonne im Gesicht, kaue ich seit langer Zeit ganz bewusst diesen kleinen Apfel. Er schmeckt richtig, richtig gut. Ich muss unbedingt fragen, woher der kommt und wie der heißt. Klein ist er und sauer und fest, was ich sehr mag. Lange hat mir ein Apfel nicht mehr so gut geschmeckt. Oder hatte ich es einfach nur vergessen? Nicht mehr wahrgenommen im Alltag?

Hmmm, ich liebe Äpfel, fällt mir wieder ein. Und rumsitzen und Baumwipfel sehen!

Den Fernseher habe ich immer noch nicht aktivieren lassen, ich möchte gar nicht fernsehen, ich möchte lieber auf Baumwipfel sehen, auch unter dem Sternenhimmel und Äpfel essen.

Auf ein Schloss oder mehr kommt es nicht so an

Meike und ich rutschen bereits morgens früh uns sieben beim Frühstück auf unseren Stühlen im Speisesaal herum. Sie ist mindestens genauso zappelig wie ich, wenn nicht noch mehr. Heute wollen wir uns das herrliche Schloss vom alten Fritz ansehen, der, der die Kartoffel en vogue gemacht hat, das schöne Sanssouci. Die Karten habe ich weltmännisch schon online geordert und so düsen wir gegen bereits gegen 08.20 in meinem schwarzroten Flitzer nach Potsdam. Ganz Google und dem Navi vertrauend landen wir nach ein, zwei Umwegen auch bei einem großen Parkplatz und laufen erwartungsvoll Richtung Riesenschloss. Wir laufen und staunen und wundern uns ein bisschen, dass neben dem Schloss die altehrwürdigen Gebäude der Universität Potsdam stehen, aber ich kenne mich hier ja nicht aus, wird schon alles seine Richtigkeit haben.

So und dann fängt`s an. Der Eingang ist verschlossen und wir flitzen um das ganze Gebäude, um einen anderen Eingang zu finden. Dank Corona haben wir ja Zeittickets und Zeit ist nun mal begrenzt. Nix, kein Eingang offen und wir wundern uns. Meike merkt noch an, dass das Schloss 1986, als sie das letzte Mal hier war, irgendwie anders aussah, aber so recht erinnern könne sie sich nach der langen Zeit auch nicht mehr und man weiß ja nie, Umbaumaßnahmen und so. Endlich sehen wir ein paar kompetent aussehende Gestalten vor einem Eingang stehen und bitten ermattet um Einlass.

„Das ist hier aber nicht Sanssouci," antwortet der nette Mann höflich," das ist das Neue Palais, haben sie dafür auch Karten?" „Das ist was?", bringe ich ausser Puste hervor, denn es ist bereits 09.30 Uhr, genau die Zeit, die auf unseren Tickets angegeben ist. „Das ist nicht

Sanssouci," wiederholt er geduldig und hält mich entweder für schwachsinnig oder...ich will`s gar nicht wissen.

Wir sehen uns verstört an und der nette Mann erklärt uns den Weg zum richtigen Schloss, zu dem, wo wir den Eintritt auch bezahlt haben. Meike ruft während wir im Laufschritt wieder zum Parkplatz hetzen den Veranstalter an, schildert unser Missgeschick und fragt, ob wir dennoch reinkämen. Das könne man uns nicht versprechen, ist die Antwort, wir sollen uns halt beeilen, was wir ja bereits machen! Wieder ein bisschen rumgekurve, einen schönen aber leider weit vom Schloss entfernten Parkplatz gefunden, geht es im Laufschritt zum Kartoffelschloss. Ermattet und völlig verschwitzt jammere ich beim Einlass ein bisschen was von Landei und überhaupt und wir haben Glück und werden eingelassen.

Was soll ich sagen! Jammern und hetzen und schwitzen haben sich gelohnt. Es ist wirklich ein wunderschönes Schloss, vor Allem wenn man auf viel Gold steht. Der Anblick der Gärten fasziniert mich persönlich deutlich mehr, doch da ein kalter Wind pfeift und Meike nicht möchte, dass ich mir die Schwindsucht hole, verschieben wir diese Besichtigung auf ein anderes Mal. Jetzt wissen wir ja, wo wir hin müssen und der Eintritt in die Gärten ist frei.

Glückselig treten wird den Rückweg zum Auto an und fahren jetzt gut gelenkt und gelaunt in die Altstadt. Diesmal ist ein prima Parkplatz ganz in der Nähe gefunden und wir trinken bei einer Nachbildung des Brandenburger Tores einen Kaffee in der Sonne draussen. Wunderbar!

Dann schoppen wir uns noch ein wenig durch die Altstadt und beschließen irgendwo im Grünen noch einen Happen zu essen. Verdient haben wir es nach dem sportlichen Start in den Tag wahrhaftig.

Auch jetzt ist uns das Glück hold und wir finden per Zufall an der Havel einen Italiener, der ausser einer Sonnenterrasse direkt am Wasser auch noch ein ausgesprochen schmackhaftes Menü bietet. Wir schlemmen und schweigen und lachen über den chaotischen Morgen.

Und ausgesprochen zufrieden fahren wir zurück.

Reha Alltag

Verschlafen mache ich mich um sechs Uhr in der Früh fertig, die Nacht war kurz und unruhig und grausam. Gleich wird mir das Langzeit EKG angeklebt und ich schlurfe müde durch die noch stillen Gänge. Dann geht es zum Frühstück und später mit dem ganzen

Gehänge zum Belastungs EKG. Hier kann ich zum Glück punkten, denn ich strample tapfer die 175 Watt, was in der Klinik ausser mir wohl nur eine einzige andere Frau geschafft hat, wie mir mein Doc versichert. Ich habe ein wenig den Eindruck, er hat mir nicht ganz geglaubt, dass ich als Küstenkind wirklich viel Fahrrad fahre und ist positiv überrascht von mir Moppelfee. Mein Herz hopst und tobt erst munter los, lässt sich aber auf einen Deal ein (ich verspreche ihm im Stillen eine Runde Meditation in der Mittagspause) und klopft dann brav weiter. Weiter geht zur Psychologin, die ein kurzes Einführungsgespräch mit mir führt und zum Glück wirklich nett ist. Mein Herz hopst, der Deal scheint es nicht zu beeindrucken.

Essen und Stationsversammlung kleckern so dahin und ich denke gerade, dass ich unbedingt noch mal raus muss, da kommt mir Meike über den Weg gelatscht, ähnlich motiviert wie ich. Zusammen fahren wir dann aber am Abend in lauschiger Dunkelheit noch nach Berlin rein und ich sonne mich in Meikes Bewunderung ob meiner Tollkühnheit bei null Ahnung von Umgebung einfach so durch eine fremde Stadt zu kurven. Stimmt ja! Auto fahren kann ich!

Die kleine Shoppingmeile hat noch auf und welche Frau bekommt keine bessere Laune wenn sich etwas im Einkaufskorb befindet?

Eben, nicht mal ich als bekennende Einkaufsmuffelin kann mich eines zufriedenen Lächelns erwehren, als die neue Hautlotion in meinem Korb vor sich hin liegt.

Nach einem Spielchen Bauernskat und einem Gute Nacht Tee kuschle ich mich mit allen Drähten des EKG zusammen in mein Bett und schlafe tatsächlich besser.

Ein schwarzer Tag

Juckend und schubbernd wache ich auf, ich habe allergisch auf die EKG Pflaster reagiert und will sie mir nur noch von der Haut reißen. Das mache ich dann auch, mit dem Erfolg, dass mein halbes Dekollté aussieht, wie nach einem mittelschweren Sonnenbrand. Nach dem frühen Frühstück geht es zur Bewegungstherapie, vor der es mich ein bisschen gruselt, bin ich mit den Jahren doch recht steif geworden und mein Rücken ist ja ohnehin nicht der beste. Aber – es macht Spaß! Die Anleiterin hat sich prima Bewegungsspiele ausgedacht und alle meine Gräten funktionieren auch nach der Trainingseinheit noch bestens.

Ich mache mich fertig für die erste Visite und stelle wieder einmal fest, dass meine Bügel im Schrank irgendwie doch nicht reichen. Flugs wird die Hausdame informiert, die sich auch umgehend bei mir meldet mit den Worten „Ich lege sie ihnen nachher dann in ihr neues Zimmer." Wie, neues Zimmer. Erstaunt teile ich ihr mit, dass da wohl ein Irrtum vorliegt, ich bin doch Zimmer 248 und gedenke nicht, umzuziehen. „Doch, doch," flötet sie mir voller Selbstvertrauen ins Ohr, „hat ihnen denn noch keine Schwester Bescheid gesagt?" Ich verneine noch immer irritiert und gehe in Gedanken versunken Richtung Visite, das jetzt aufzuklären, ist zu spät.

In der Visite versichert man mir, dass ich jetzt endlich in der Psychokardiologie ganz richtig sei (nur mal so zur Erinnerung, ICH wusste das ja die ganze Zeit) und welche Ziele ich denn hätte, welche Beschwerden, dass die Rhythmusstörungen, die ich noch hätte auch im EKG gesehen worden sein und sie seien zwar unangenehm, aber nicht lebensbedrohlich. Na toll! Meine Zimmerumziehfrage können sie mir auch nicht beantworten, da soll ich mich dann doch an die Schwestern wenden.

Was ich nach Visite auch postwendend mache. Hier bekomme ich dann die Auskunft „Frau Vähning, sie liegen falsch, sie sind ja Psychokardio!" Mein Reden, denke ich nur, möchte mein Zimmer aber trotzdem nicht verlassen. Nach den Irritationen vom Anfang, man hatte mich ja bereits beim Eintreffen falsch eingeordnet. Ich mag mein Zimmer und habe überhaupt keine Lust das ganze Geraffel wieder einzupacken und mein Refugium zu verlassen.

Es gibt ein Hin – und Her und Erklärungen warum ich umziehen soll, die ich unlogisch finde und ich kämpfe und bekomme die Aussage, es täte wem auch immer furchtbar leid, aber es sei nun mal so.

Plötzlich habe ich keine Kraft mehr, ich bin bestürzt, fühle mich ganz im Kind- Ich. Herumgeschubst und unverstanden und mein Erwachsenen- Ich kommt nicht zu Wort. Mir schwappen die Tränen in die Augen, was ich wirklich hasse und mein empfindliches Herz hopst und rast empört mit. Beim vermeintlich letzten Gang die Treppe rauf zu meinem Zimmer fliegt mein Bezugsarzt an mir die Treppe runter. Ich denke er hat mein Betrübtes – Ich gesehen, oder vielleicht auch nicht. Jedenfalls sitze ich in meinem schönen Zimmer und heule eine Runde und wundere mich, dass ich so dünnhäutig bin, so verletzlich und sooo wenig stressresistent. Hallo! Ich bin Frau Stark, die Macherin, die immer alles rockt und hinbekommt. Dass ich wegen eins Zimmers heule, dass mir auf einmal alles zu viel wird und ich nach Hause will, wo man mich lieb hat und nicht aus meinem Reich vergraulen will. Schnief und rotz rufe ich meinen Mann an und lasse mich ein bisschen bedauern und dann, wie er nun mal ist, aufbauen und motivieren. „Geh und kämpf mein Schatz," sagt er und als ich mich gerade aufmunitioniere, noch einmal die Tränen wegwische und den Rücke gerademache, bimmelt mein Telefon. „Was denn jetzt schon wieder," denke ich genervt und melde mich. „Hallo, hier ist Schwester Anne," sagt der Engel am Telefon, „sie bleiben in ihrem Zimmer!" Ich stammle ein Dankeschön und kann es kaum glauben und heule schon wieder ein bisschen, diesmal vor lauter Erleichterung.

Sie haben wohl gemerkt, dass es mir damit gar nicht gut ging. Mein hopsendes Herz kann sich trotzdem nicht richtig beruhigen und ich zweifle ein bisschen, ob das mit dem Arbeiten in ein paar Wochen wirklich wieder funktioniert.

Jedenfalls kann ich jetzt zum Essen gehen und mir ist nicht mehr ganz so schlecht.

Am Nachmittag mache ich dann noch die Verspannungsstunde mit, denn leider ist so auf einer Matte auf dem harten Hallenboden liegen so gar nichts für mich, aber auch so überhaupt gar nicht. Mir tut alles weh und ich bin froh, als die Stunde vorbei ist. Nett und aufmerksam, wie hier wirklich alle sind, hat die Entspannungstrainerin mein Rumgeruckel auf dem Boden bemerkt. „Na, nächstes Mal lieber im Sitzen?", fragt sie mich und ich bin zum zweiten Mal an diesem Tag sehr dankbar.

In der Pause sitze ich ein bisschen unmotiviert im Zimmer herum, trinke einen Kastratenkaffee (immer ohne Koffein) und warte auf das frühe Abendessen. Meikes Tag war auch doof und wir gehen uns ein bisschen aus dem Weg, wobei ich schon wieder ein schlechtes Gewissen bekomme, weil ich vielleicht nicht auf die Wünsche von jemand anderem eingehe. Verflixt und zugenäht, das muss ich doch langsam mal lernen, das mit den Schuldgefühlen und dem Abgrenzen!

Ich brauche einen Plan und das meine ich wörtlich, denn mein Therapieplan ist auch noch nicht fertig.

Ich gehe in mein Zimmer und versuche einen Plan zu erstellen. Einen eigenen für mein Wirrwarr habe ich noch nicht und dann hoffe ich, den schwarzen Tag abhaken zu können und morgen, ja mit was? Naja, mit mehr Schwung und Zuversicht zu starten.

Ich wär´ so gerne anders

Heute ist es irgendwie anders, denn ich wache schon kribbelig auf. Nach einem sehr netten Frühstück mit der jungen Merle, habe ich Zeit und eigentlich riecht die Luft nach Herbst und Sonne und nach Aufbruch. Nicht einmal die Stores am Fenster in meinem Zimmer, die ich immer möglichst weit aus meinem Sichtfeld schiebe, können mich bremsen. Ich möchte ein bisschen shoppen heute Morgen und mir die Zeit bis zur Atemtherapie angenehm vertreiben. Die Geschäfte haben aber noch zu und ich beschließe mir in der Küche Wasser für meinen Muckefuck zu kochen. Da stehe ich während des Wartens am Fenster und sehe in den Garten. Ein fleißiger Gärtner ist schon dabei, den Rasen zu mähen und es duftet köstlich. Ich stehe da also und warte und beobachte und werde immer kribbeliger. Wie durchgedrückt meine Beine doch sind, wie meine Hände die lange Strickjacke um meinen Körper schlingen, gerade und aufgerichtet, als hätte ich einen Stock in der Wirbelsäule stehe ich da. Angespannt, unglaublich angespannt fällt mir auf. Immer auf der Hut, immer irgendwie auf dem Sprung. Meiner Alltagstätigkeit beraubt, meinem immer wieder von meinem Mann bemerkten Aufspringen, meinem ewigen hin- und her, stelle ich fest: Ich bin total angespannt und ja, auch nervös. Ich seufze tief auf. Meiner Üblichkeit beraubt merke ich, dass es mit der Selbstreflektion in den letzten Jahren wohl nicht wirklich gut gelungen ist! Das erschreckt mich und betrübt mich gleichermaßen. Nach aussen trage ich glaubhaft die Gelassene, immer Lösungsorientierte. Hier merke ich, ich bin sozusagen dauerangespannt oder zumindest offenbar deutlich häufiger, als wahrgenommen, als zugelassen. Das macht es weder für mich, noch für mein Herz oder meinen Rücken leichter. Mir schwant, dass mein Weg durchaus länger dauern kann, als ich ahnte, als ich mir eingestehen wollte.

Wieder im Zimmer, schreibe ich. Schreiben entspannt mich im Allgemeinen. Doch auch hier bemerke ich, dass ich schnell schreibe, dass ich eigentlich immer alles schnell mache. Ich rede oft schnell, esse schnell, ich handle schnell und denke schnell, was ehrlich gesagt ein totaler Vorteil ist, oder ich es zumindest als solchen empfinde. Aber ich stricke auch schnell und gehe schnell, eigentlich zeichne ich auch schnell. Irgendwie immer ein bisschen gehetzt. Als würde ich Zeit brauchen, für das was kommt. Aber was ist es? Was soll es sein? Freizeit, die ich dann damit verbringe Dinge möglichst schnell zu tun? Oder bin ich einfach ein „schneller" Mensch, wie meine Großmutter immer sagte? Dabei möchte ich doch auskosten, das Leben, so blöd es auch manchmal sein kann, genießen. Und vielleicht ist in meinem Fall schnell ja auch das neue langsam?

Fragen über Fragen, die ich heute „schnell" mal mit meiner Bezugstherapeutin klären möchte.

Aus dem „mal schnell" wird dann irgendwie doch nichts, denn nachdem die Psychologin und ich ein bisschen rumgeplänkelt haben und ich schon mächtig erleichtert bin, geht´s an diese ewigen „Warum" fragen.

Meine Mutter hat ja behauptet, dass ich schon mit dem „Warum" auf die Welt gekommen wäre, einfach nur, um sie zu nerven, doch jetzt muss ich feststellen, dass offenbar auch andere Menschen diesen Geburtsdefekt haben und dass er ganz schön unbequem werden kann.

Die Kindheit gestreift, weil ich finde, dass ich mit 58 schon genug Abstand zu diesen Geschichten habe, zieht mir meine Therapeutin ganz schnell den Zahn der Überlegenheit und begründet mein „Warum" mit einem „Darum". Denn natürlich können da so ein paar Dinge, so ein paar Muster in mir hervorgerufen haben, die zwar schick, aber nicht mehr unbedingt hilfreich sind. Und so grübeln und arbeiten wir beide eine ganze Weile rum, bis ich als Profi erschöpft bin und gründlich Mitgefühl mit meinen Patienten habe. Nicht, dass ich an meiner Art mit ihnen zu arbeiten jetzt etwas ändern werde – aber zumindest gönne ich ihnen mehr Pausen.

Der Rest des Tages vergeht mit nachdenken und ich bin nicht sonderlich motiviert, heute Abend Spiele zu spielen. Auf Höflichkeit und sozialer Kompetenz, wie ich mir selbst einrede, spiele ich dann doch mit und verliere natürlich haushoch. Ich denke, dass meine soziale Kompetenz wohl doch eher Feigheit und

Unsicherheit gewesen sind, denn ich hätte auch sagen können: „Heute nicht ihr Lieben, ich brauche ein bisschen Zeit für mich. Ich übe das noch."

Akzeptanz die doofe Motte

Wenn man mit einer Erkrankung geplagt ist oder vielleicht auch mit mehreren, dann begegnet einem irgendwann zwischen Hoffen und Behandlungen, zwischen Verweigerung und Ablehnung auch das Wort „Akzeptanz". Nun ist das mit der Akzeptanz so eine Sache. Man, bzw. ICH, denn der Mensch neigt ja ohnehin zur Verallgemeinerung, tue mich mit Akzeptanz schwer.

Bisher habe ich mich eher in die Kategorie Kämpferin oder auch Macherin eingeordnet, um plötzlich festzustellen, dass mir das leider nicht immer gegeben ist. Und leider auch nicht immer gut für mich, hilfreich, wie die Fachleute es auszudrücken pflegen. Denn nicht immer lässt sich mit Kampf etwas verändern. Ganz im Gegenteil, reibe ich mich daran auf. Ob es nun die Sache mit meiner Überelektrizität im Herzen oder auch die Bandscheiben ist, so sehr ich auch versuche „es nicht haben zu wollen und zu funktionierten", mein Körper macht da zeitweise was er will! In der Reha habe ich nun gelernt (was ich auch vorher wusste, nur nicht für mich), dass einem manchmal nichts Anderes übrigbleibt, als zu akzeptieren. Radikal manchmal, radikale Akzeptanz eben. Wobei radikal auch eher nicht so mein Wort ist, ausser im Umgang mit mir selbst.

Generell habe ich viel über das Zusammenspiel zwischen Psyche und Körper gelernt[8.] Es gibt sicher noch weitere sehr gute Bücher zu diesem Thema, die ich verständlicherweise nicht alle benennen kann. Jeder muss für sich selbst herausfinden, was bewegt und als hilfreich erachtet wird.

Ich sitze also mit gerunzelter Stirn in der Psychokardiologie Gruppe und starre auf das Flip Chart vorne im Raum, an das unsere Vertretungspsychologin in schwungvoller Schrift Begriffe wie: Erwachsen, der innere Antreiber, das glückliche innere Kind und das traurige innere Kind geschrieben hat.

„Sonnenklar," schießt es mir durch den Kopf, während ich mich auch schon eifrig melde, um die Frage unserer Psychologin Frau S., wo wir uns denn sehen würden, zu beantworten. Da ich so ziemlich die Einzige bin, die da vorpprescht, nimmt sie mich auch dran. „Erwachsen, ich sehen mich erwachsen," gebe ich stolz von mir. „Ich meine, ich bin 58 und habe jede Menge Erfahrung, berufliche wie private und zudem denke ich, dass ich eher zu den logischen und sachlichen Menschen gehöre. Ich entscheide viel mit dem Kopf." „Sind sie sicher?", lächelnd blickt Frau S. mich an. „Ich habe sie ein bisschen beobachtet. Sie sind schnell, sie erledigen die Aufgaben immer pünktlich und mehr als gefordert, Sie melden sich immer und sind immer ganz vorne dabei. Wie gut können sie es aushalten, sich nicht zu melden oder das Wort zu führen? Wie gut können sie das im Alltag? Nicht immer die Aufgaben, die anfallen zu übernehmen, ob es ihre sind oder nicht. Wie gut gelingt es ihnen, zuzusehen und einfach mal die Anderen machen zu lassen?" Mein Herz hopst und springt, ich bin angespannt und starre sie erstaunt an. Meine Mitstreiter sehen mich auch an und Simone meint: „Du, es stimmt schon, du bist schnell und immer fleißig und ein bisschen vielleicht ein Klassenstreber," liebevoll kommt das rüber und gut gemeint und die anderen grinsen ein bisschen dazu. Und mir fällt auf, dass das eigentlich immer so ist, dass ich mich oft übermotiviert und immer mit voller Kraft und mehr in die Arbeit schmeiße, dass ich ein schlechtes Gefühl für meine eigenen Grenzen habe und wenn ich sie spüre, trampel ich darüber hinweg. Ein bisschen geknickt, nehme ich meinen überhöhten Leistungsanspruch wahr. Thorsten sieht mich freundlich an und meint: „Wir mögen dich auch, wenn du nicht immer der

Streber bist." ER grinst, ich schäme mich und sehe wieder zum Flip Chart. „Vielleicht doch eher der innere Antreiber?", sage ich noch leicht zweifelnd, wobei mir aber klar ist, dass das zumindest zu 75 % stimmt. „In jedem von uns stecken alle Anteile," höre ich da zu meiner großen Erleichterung unsere Psychologin sagen, „immer zu unterschiedlichen Anteilen. Wichtig ist, dass wir uns dessen bewusst sind und vielleicht den einen Anteil mehr fördern und den anderen auch mal ausbremsen zu lernen." Sie zwinkert mir zu und ich denke, dass ich da aber mal ganz schön werde bremsen müssen um meinem Herzen auch mal Luft zu lassen – zum Luft holen und ruhig zu arbeiten, auch in seinem Tempo, angepasst an Situation und ja, auch an Alter.

Von Glaubenssätzen, Hausaufgaben und Veränderungen

Mein Bezugspsychologe, der jetzt endgültig meiner bleiben soll, Herr H., sitzt mir gegenüber und hört sich ruhig meine Schilderungen von Leistung, Leistungsdruck und dass ich meiner Meinung nach nur geliebt werde wenn ich leiste an.

Ein verständnisvolles Nicken und die Frage „Ist das so, oder denken sie, dass das so ist?"

„Naja," antworte ich ihm, „das war ja irgendwie immer so. Wenn ich gut war, wurde ich gelobt und beachtet und hatte das Gefühl, dass man mich liebt. Irgendwie wollte ich dann immer die Beste sein und irgendwie musste ich das ja auch, oder?" „Aber das war doch damals, das ist doch heute nicht mehr so, oder? Sie sollten das überprüfen und wir gucken zusammen, ob sich die Dinge nicht verändert haben." Und mit einem Packen Hausaufgaben, meinen Glaubenssatz zu überprüfen verlasse ich die Sitzung.

Ja, zur Veränderung gehören in der Reha auch Gespräche mit den Psychologen. Zuerst war ich skeptisch, der junge Mann, der mir gegenübersitzt hat mitnichten meine Berufserfahrung und Lebenserfahrung schon mal gar nicht. Und doch hat seine ruhige, besonnene und verständnisvolle Art mich für ihn eingenommen. Er ist empathisch und durchaus auch pragmatisch, das merke ich an den Hausaufgaben, die er mich machen lässt. Er korrigiert mich, wenn ich sage, dass es mir peinlich ist zu „heulen", er sagt weinen dazu. Er fragt mich, warum ich Emotionen unterdrücke und versteht, dass sie lange Zeit einfach nicht hilfreich für mich waren, dass sie mich nicht weitergebracht hätten. Führt mir aber auch vor Augen, was mit mir und vor allem meinem Herzen passiert, wenn ich Trauer und Wut schlucke. Wobei ich super gut wütend sein kann! Ich finde Wut energetisch. Trauer ist mir peinlich, unangenehm vor anderen zu weinen, Schwäche ist etwas, das ich nicht besonders mag. Vor allem bei mir nicht. Ich bin stark, immer kontrolliert, ich bin logisch und sachlich und das ist für meinen Beruf mit Sicherheit auch gut. Das habe ich so sehr trainiert und verinnerlicht, dass ich es in meinem Privatleben nur schwer schaffe, loszulassen, nicht immer die Kontrolle zu behalten. Und gleichzeitig merke ich sogar während des Schreibens, wie sehr mich das beschäftigt, mitnimmt.

Langsam wird mir bewusst, dass ich schwitze, ich schwitze vor Anstrengung und Erkenntnis, einfach nur vom Sitzen und reden und zuhören. Mit schwant dunkel, dass eine Menge Veränderungen auf mich zukommen und dass die sicher ebenso anstrengend werden, wie das in der Klinik zelebrierte Sportprogramm!

In meinen Sitzungen mit Herrn H. habe ich viel über mich gelernt, manches davon schmeckt mir noch immer nicht. Aber ich habe auch Zusammenhänge von Psyche und Herz erfahren und dass es schon ein Balanceakt ist, hier für Ausgewogenheit zu sorgen und dass es für mich wohl immer ein Punkt sein wird, auf den ich besonders achten muss oder besser möchte.

Veränderungen sind anstrengend und tun manchmal auch weh, aber das ist beim Sport auch so und der ist ja bekanntlich für die Gesundheit unumgänglich.

Bewegung braucht jeder, auch das Herz

Als ich nach meiner dritten Ablation aus der Klinik kam, war ich sehr verunsichert, was ich noch leisten kann. Und hier meine ich nicht das Klassenstreberleisten, von dem ich schon vorher gesprochen habe, sondern WAS KANN MEIN HERZ AN AKTIVITÄT AUSHALTEN! Vor der Ablation war ich vom Vorhofflimmern oft so schwach, dass mir schon die Puste ausging, wenn ich nur einen langen Flur entlangging. Schwindel und Schwäche erfassten mich beim Treppe steigen, dass ich das Gefühl hatte, mindestens einen Marathon gelaufen zu sein. Mit ein Grund, mich in eine Reha zu begeben, war eben der Wunsch unter Aufsicht meine Leistungsfähigkeit zu testen und vor allem zu steigern. Diesem Wunsch kommt man deutlich nach, deutlicher, als ich es erhofft oder geahnt hatte.

Am zweiten Tag nach meiner Aufnahme hatte ich ja einen Termin zum Belastungs EKG mit meinem zuständigen Arzt. Mit einem ziemlich mulmigen Gefühl klettere ich auf das Liegefahrrad im Untersuchungszimmer. Wieder werde ich verkabelt, aber das kenne ich ja schon. Mein Arzt setzt sich vor den Monitor und betrachtet mein EKG. Mein Herz holpert und stolpert, ob vor Aufregung oder Angst oder dem Wunsch möglichst gut auszusehen bei dem, was kommen würde, weiß ich nicht. Wahrscheinlich eine Mischung aus allem.

„Dann legen sie mal los Frau V. Wir fangen erstmal mit ganz wenig Watt an und steigern dann langsam. Sie brauchen keine Angst zu haben, ich bin die ganze Zeit bei ihnen." Er betrachtet mich und auch mein EKG mit einem beruhigenden Lächeln und ich strampel los. Mein Herz hüpft und hopst und mir wird ein bisschen schwummerig, doch mein Doc lächelt nur und sagt, „Alles in Ordnung, das ist ganz normal und keinesfalls gefährlich, trauen sie sich ruhig, es wird gleich besser." Und er hat recht! Beruhigt von seinen Worten strampel ich weiter und das Holpern geht in ein gleichmäßiges Schlagen über. Die Wattzahl wird erhöht, ich bekomme immer noch Luft. Dann noch ein bisschen und noch ein bisschen - erstaunlich leicht geht es voran und ich habe das Gefühl, auf meinem geliebten Rad zu sitzen und an der Küste entlang zu radeln. Das hatte ich mich lange nicht mehr getraut. Dem Arzt hatte ich zwar erzählt, dass ich normalerweise viel Fahrrad fahre, schließlich wohne ich an der Nordsee, da fahren alle viel Rad, doch er schien ein bisschen erstaunt, dass ich so gut in den Rhythmus kam. Die Wattzahl wird wieder erhöht und schließlich kann ich 175 Watt treten. Als ich anfange zu pusten, weil mir ob der ungewohnten Liegeposition die Beine weh tun und ich 175 Watt auch schon ganz ordentlich finde, zeigte mein Arzt Gnade und lässt mich „ausrollen". „Das war ja ganz erfreulich," schmunzelt er mir zu „und sie haben Recht, sie fahren offenbar wirklich viel Fahrrad." So ganz geglaubt hat er mir also nicht.

Glücklich und mit zitternden Beinen steige von dem Gefährt und gehe mit ihm in sein Sprechzimmer.

Wir besprechen, welche Sport – und Bewegungsarten mir zusagen, klammern schwimmen aus, das kann ich auf Grund meiner Bandscheiben und ganz ehrlich aus Abneigung gegen Schwimmhallen und Chlorwasser nicht. Es bleiben aber genug andere Übungen und so finde ich in meinem Therapieplan am nächsten Morgen 4 x wöchentlich Ergometertraining, 2 x wöchentlich Bewegungstraining oder Walken, dazu Atemgymnastik. Zusätzlich zum Treppe steigen in den zweiten Stock mehrfach am Tag und den langen Wegen durch die Klinik, habe ich sozusagen Sport, bis der Arzt kommt! Der kommt natürlich nicht und ich bin erstaunt, wie schnell ich doch wieder fit bin. Ein wunderbares Gefühl, trotz Muskelkater, mein

Herz spielt mit und auch wenn im EKG immer mal wieder Rhythmusstörungen zu sehen sind, belasteten sie mich nicht mehr so sehr. „Mein Herz kann das, dann kann ich das auch!" Wird mein neues Mantra.

Und mit einer umgestellten Ernährung, geht es mir bereits nach einer Woche deutlich besser.

Ein halbes Schwein auf Toast!

Gleich zur Einführung gibt es einen Vortrag über Herz und Ernährung. Mir schwant schon Übles, denn ich bin bekennende Genießerin. Auf Alkohol und koffeinhaltigen Kaffee verzichte ich wegen des Herzens völlig, aber nicht auf gutes Essen! So höre ich mir mehr oder weniger missmutig den mit Know How und Humor vorgebrachten Vortrag an. Es geht keineswegs um NICHT mehr, sondern viel mehr um ANDERS. Um weniger Fett und weniger Zucker, um weniger Salz und mehr Flüssigkeitszufuhr, um Ruhe und Genuss und nicht Hektik und schlingen. Nach dem Vortrag bin ich irgendwie gespannt, was mich in den nächsten Wochen erwarten wird. Fade Krankenhausküche mit Schonkostniveau kommt mir in den Sinn und es gruselt mich ein bisschen. Was dann aber kommt, erstaunt mich und hat mich tatsächlich bewogen, es nicht nur zu einer Momentaufnahme werden zu lassen, sondern bis heute mein Essverhalten zu beobachten und auch zu ändern.

Viel Frisches gibt es jeden Tag, immer Obst und jede Menge Gemüse, da zuckerärmer. Immer frische Salate und davon eine Vielzahl, ausserdem immer Gurken oder Tomaten, Radieschen und ähnliches. Zum Frühstück Dinkel und andere Vollkornbrötchen oder Brotsorten. Manche von meinen Mitpatienten entdeckten ihre Liebe zu Müslis, was mir allerdings bis heute versagt ist. Ich mag einfach kein Zeug in Milch eingeweicht! Dafür esse ich sehr gerne nussiges Vollkornbrot. Nachdem meine Zunge sich daran gewöhnt hatte, schmeckt Fisch plötzlich wieder wie Fisch und Brokkoli nach Brokkoli und Vollkornnudeln nach Vollkornnudeln und Reis und so weiter. Isst man weniger Salz, ist es nicht nur für Herz und Nieren und Blutdruck gut, sondern auch ganz hervorragend für die Geschmacksknospen, die wieder reagieren und nicht in Salz ertränkt schlummern.

Meine Rationen wähle ich bewusst kleiner, denn ein paar Kilo weniger schaden weder den Gelenken, noch dem Herzen und erst Recht nicht dem Blick in den Spiegel.

Allerdings muss ich zugeben, dass ich nach einer Woche zu meiner Tochter beim skypen sage, „ Ich habe so einen Hunger, ich würde sogar Seife essen!" Sie fragt mich daraufhin „Was habe die da mit dir gemacht, dass du sogar Seife essen würdest?" Aber ich versichere, das seien gar nicht DIE gewesen, sondern durchaus ich und die 2 Kilo, die ich bereits abgenommen hätte, fände ich richtig gut.

Ein halbes Schwein auf Toast hätte ich zu diesem Zeitpunkt sehr wahrscheinlich nicht ausgeschlagen, aber es hat sich gelohnt. Fitter, leichter und achtsamer finde ich es alles in allem doch recht gut!

Momentfreunde und ein bisschen mehr

Heute ist wieder ein Tag des Abschieds. Bereits die letzten Tage hat sich eine kleine graue Wolke durch die Räume der Reha gezogen. Bemüht, nicht an Tag x zu denken, gab ich mich allen möglichen Beschäftigungen hin. Noch einmal mit den anderen zum Frühstück zugehen, im Café dieses Mal. Eine letzte Tour mit dem Auto an lieb gewonnene Orte.

Meike und ich hatten uns ja direkt am ersten Wochenende vorgenommen, noch die Gärten von Sanssoussi anzusehen, denn beim ersten Mal hatte es nur für Schloss gereicht. Ich war zu kalt angezogen gewesen und habe trotz der strahlenden Sonne im frischen Wind gefroren. Das machen wir also auch, wir frühstücken erst mit dem Thorsten, einem lieb gewonnen Mitstreiter Psychokardiologie und fahren dann die Gärten betrachten. Das Wetter ist nicht so freundlich, wie am Anfang, aber es ist uns gnädig und verschont uns mit Schauern. Und dann stehen wir da an diesem geschichtsträchtigen Brunnen vor den ausladenden Treppen des Schlosses und kramen in unseren Portemonnaies nach Cent Stücken. Diese gefunden, drehen wir uns um, spucken kurz dreimal drauf wie Kinder und werfen sie mit dem Wunsch, wir mögen in Kontakt bleiben und uns wiedersehen, rücklings ins Wasser. Schnell drehe ich mich um, denn ich will die Ringe, die unsere Geldstücke auf der glatten Wasseroberfläche bilden sehen. Sie verschwimmen ineinander und ich deute das als gutes Zeichen. Manchmal werden die von einem der Mitpatienten als „Momentfreunde" bezeichneten, dann doch irgendwie echte Freunde. Eine zwar kurze, aber dafür intensive Zeit haben wir miteinander verbracht und wissen viel voneinander, vielleicht mehr, als so mancher, der uns jahrelang kennt.

Jetzt jedenfalls bin ich gerade ein bisschen traurig, mit den Emotionen habe ich es bisher ja nicht so gehabt und mich oft geschämt für das, was ich fühle. Trauer, Abschied, weinen, alles Zeichen von Schwäche. Inzwischen weiß ich, Zeichen von Mensch sein. Ich habe Gefühle und sie zu zeigen, macht mich nicht schwach. Es macht mich nur zu einem lebendigen Wesen.

Klaus und Thorsten und Stefan mit f sind gerade gefahren. Nette Typen, die ihre Abende häufig damit verbracht haben, sich am Kickertisch zu verausgaben, zu fluchen, zu lachen und auch hier ein Stück weit mit ihren Erkrankungen und Kümmernissen umzugehen. Die sich aber trauten, in der Gruppe mal ein Stück weit die Hosen runter zu lassen, was ihnen sofort meine Sympathie und ja auch teilweise Bewunderung einbrachte. Und den Versuch, ihrem Mut zu folgen. Die mit uns zusammensaßen und begeistert und stolz die Fotos von Kindern und Enkeln, von Urlauben und ja auch Sportereignissen auf ihren Handys zeigten. Die, die jetzt, einen Tag vor mir, aus der geschützten Umgebung der Reha in den Alltag zurückkehren und genauso wie ich hoffen, all das Wertvolle umsetzen zu können.
Ich stehe im Speisesaal und lächle und tröste Meike mit flapsigen Worten, sie weint. Ich nicht.

Und dann stehe ich oben an meinem Fenster und winke Thorsten, ebenfalls Rhythmuspatient wie ich, und auch Anja mit dem Herzschrittmacher und Valentina und Christian und denen, die mich einige Wochen begleitet haben, zu. Die meine Trauer sahen und meine Angst, die mich manchmal mutlos erlebten und dennoch mochten. Die meine Stärke erlebten und meinen Optimismus, meine Kraft und meine Zielstrebigkeit. Ich stehe am Fenster und winke ihnen und mein Herz klopft und mein Hals ist eng, von dem Kloß, der sich nicht runterschlucken lassen will. Und morgen verabschiede ich mich von meiner lieben Meike, die ich gerne schon Freundin nenne, weil uns so viel verbindet und so viel unterscheidet. Und ich nehme mir nicht einmal vor, nicht zu weinen, denn ich werde ich ganz schrecklich traurig sein – und das finde ich inzwischen, ist auch angebracht und völlig in Ordnung.

Denn bei allem, was ich mir vorgenommen habe ist mir eins besonders wichtig: Ich werde mein Herz nicht mehr zusätzlich belasten, indem ich meine Emotionen unterdrücke, runterschlucke und es dann zwinge, innen aus dem Takt zu geraten, weil ich es mir aussen nicht erlaube.

Viel habe ich gelernt in diesen Wochen, erstaunt habe ich sie genossen. Ein Fazit dieser Reha ist, dass mein Herz und ich besser Freunde werden, dass ich es nicht als Störenfried betrachte und nicht erwarte, dass es funktioniert, wie ein Computer. Das ist es nämlich nicht, genau so wenig, wie ich selbst. Wir werden Freunde sein, mein Herz und ich, denn wir werden noch eine sehr lange Zeit miteinander verbringen.

Was mir gut tut und hilft

Im Laufe der Jahre haben mein Herz und ich irgendwie einen eigenen Rhythmus entwickelt. Manchmal kann ich gar nicht sagen, was mir schadet, denn mein Herz reagiert ganz unterschiedlich.

Es schlägt ruhig und rhythmisch, obwohl ich Stress bei der Arbeit habe und ich manchmal gar nicht weiß, wo mir der Kopf steht. Bei Reisen hopst und poltert es – oder eben auch nicht. Emotionale Erlebnisse machen es ganz verrückt und es tobt – oder eben auch nicht. Manchmal denke ich, dass ich mein Herz auch ganz schön verrückt mache und manchmal ist es umgekehrt und es macht mich verrückt.

Was ich inzwischen aber weiß ist, was mir gut tut und mein Herz in gnädige Stimmung versetzt.

1. Ich habe eine wirklich gute psychokardiologische Reha gemacht

2. Ich bin gnädiger mir und meinem Herzen gegenüber, es ist nun mal keine Maschine, kein Computer und auch die funktionieren nicht immer! Es ist ein lebender Muskel, der unterschiedlichsten psychischen und psychischen Faktoren und Belastungen ausgesetzt ist, es ist ein Teil von mir und wenn es unrhythmisch ist, dann ist es eben so. Ich weiß, ich werde damit leben müssen, aber auch können. Wie ich mit den Unwegsamkeiten, die das Leben so mit sich bringt, auch leben muss und kann

3. Ich vertraue – darauf, dass wir uns gegenseitig nicht im Stich lassen und auch, auf das, was meine Kardiologen sagen. Sie sind die Fachleute und wenn sie sagen, dass ich mit den Rhythmusstörungen, die ich noch habe gut leben kann, werde ich das nicht immer und immer wieder in Frage stellen! Ich wäre auch ziemlich sauer, wenn meine Patienten ständig in Frage stellen würden, was ich ihnen rate oder mit ihnen abspreche.

4. Ich versuche möglichst viele Dinge zu tun, die mir Spaß machen und gut tun.

Musik hören, Nachmittage im Garten verbringen, einen rührseligen Film schauen, mit meinem Mann und meinen Kindern sprechen, den Hund knuddeln, mit Freunden zusammen sein, mein Herz mit moderatem Sport stärken und so einiges mehr. Das muss jeder für sich herausfinden.

5. Ich lasse mich nicht abhalten, von Dingen, die mir wichtig sind. Wie zum Beispiel zu meiner Tochter in die USA zu reisen, oder Konzerte zu besuchen, aus lauter Angst, mein Herz könnte hopsen und toben. Denn wenn ich eins gelernt habe ich den nun 40 Jahren, die mich Rhythmusstörungen begleiten, und dass Vermeidung die schlechteste Strategie ist und dass Angst oder Depression das Herz zusätzlich belaste.

Fachbegriffe/Legende

[1]Eine AV-**Reentry-Tachykardie** tritt anfallsweise auf und entsteht durch kreisende Erregungen zwischen Herzvorhof und Kammer. Viele Patienten haben oft lange Zeit keine Beschwerden. Als Symptome wird aber relativ oft wird ein plötzlich einsetzendes **Herzrasen** bemerkt, das auch spontan wieder verschwinden kann. spontan wieder verschwinden kann. (Quelle: https//herzzentrum.immanuel.de)

[2] Meine erste Ablation war 2011, da hat man noch so viele Stunden liegen müssen. Bei meiner letzten Ablation am Vorhofflimmern 2021 waren es nur noch sechs Stunden, dazu später mehr

[3] Beim Vorhofflattern handelt es sich um eine Rhythmusstörung, bei der die Erregung im rechten Vorhof um die Herzklappe zwischen rechtem Vorhof und rechter Herzkammer kreist. Im EKG wird das Krankheitsbild durch sogenannte Flatterwellen erkennbar. Die Therapie zur Behandlung von mehrfach auftretendem Vorhofflattern ist die Katheterablation. Hierbei wird mit viel Erfolg (> 95 %) der cavotrikuspidale Isthmus, die schmale Muskelbrücke zwischen der unteren Hohlvene und dem unteren Teil des Trikuspidalklappenringes, verödet. An dieser

Stelle wird durch die Katheterablation ein Leitungsblock erzeugt, wodurch die Kreiserregung und damit das Vorhofflattern nicht mehr auftreten kann
(*https://herzzentrum.immanuel.de*)

[4]Die transitorische ischämische Attacke (**TIA**) ist eine flüchtige Minderdurchblutung im Gehirn. Sie gilt als Frühwarnzeichen für einen Schlaganfall: Ungefähr jedem dritten Hirnschlag geht eine transitorisch ischämische Attacke voraus. Übrigens: Umgangssprachlich wird die **TIA** oft auch "Mini-Schlaganfall" genannt (Net-Doktor.de 2018)

[5]Der normale Herzschlag wird vom sogenannten Sinusknoten im Herzvorhof gesteuert. Er erzeugt einen elektrischen Impuls, sodass sich die Vorhöfe sowie die Herzkammern zusammenziehen. Bei einer Extrasystole wird zusätzlich ein Impuls in den Vorhöfen (supraventrikuläre Extrasystole) oder in der Herzkammer (ventrikuläre Extrasystole) gebildet. Dadurch kommt es zu den Extraschlägen, die Betroffene meist als Herzstolpern oder Herzaussetzer wahrnehmen. Während Extrasystolen aus den Vorhöfen meist harmlos sind, sollte bei gehäuften ventrikulären Extrasystolen immer die Ursache abgeklärt werden.

(https://www.herzstiftung.de/infos-zu-Herzerkrankungen/Herzrhythmusstörungen/extrasystolen) im Anhang für Interessierte ein Verweis auf Rhythmusstörungen und weiterführende Quellen

[6] Zum besseren Verständnis: ich habe mich bewusst entschlossen in der Gegenwart zu schreiben. So bin ich dem Erlebten näher und hoffe auch, es Ihnen als Leser näher bringen zu können und aus meiner Sicht war diese psychokardiologische Reha ein großer Schritt mit meinen noch immer vorhandenen Herzrhythmusstörungen etwas besser umgehen zu können, daher so viel Raum für diese Wochen

[7]Einsatz von Bildern, Symbolen und/oder Metaphern, die einen bleibenden Eindruck (Impact) hinterlassen

[8]Mein Herz + Meine Seele; Das Zusammenspiel von Psyche und Herz: Spannende Einblicke in die Psychokardiologie; Prof. Dr. med. Köllner; Dr. med. Eike Langheim; Judit Kleinschmidt; Verlag Trias

Lektüre zum Nachlesen

Deutsche Herzstiftung/Herz Heute/ Zurück in den Tag/ Heft 2/21

Deutsche Herzstiftung/ Herz außer Takt/ Vorhofflimmern/ Oktober 2018/

Deutsche Herzstiftung/ Leben mit Herzrhythmusstörungen/ Stand Februar 2019

Deutsche Herzstiftung/ Psychischer und sozialer Stress/ November 2016

Mein Herz und meine Seele/ Prof. Dr. med. Volker Köllner/ Dr. med. Eike Langheim/ Judit Kleinschmidt Verlag Trias/2021

Yoga für ein starkes Herz/ RivaVerlag/2021

HerzRhythmus - Der Takt des Lebens/ Prof. Dr. med. Thorsten Lewalter/ Verlag Südwest

Leben mit Herzrhythmusstörungen/Despina Muth – Seidel/ Klaus Langes/ Anna Stretz/

Christoph Herrmann – Lingen/ Verlag
Borgmann Media

Nachwort

Liebe Leser,

ich erhebe hier keinesfalls den Anspruch einer wissenschaftlichen Arbeit, wobei manche meiner Angaben selbstverständlich nachzuprüfen sind. Diese habe ich dann mit Fußnoten gekennzeichnet.

Ich möchte lediglich berichten wie es ist, viele Jahre mit einer Erkrankung zu leben, die zunächst gar nicht als Solche erkannt wurde. Sich hilflos zu fühlen, auf Grund immer wiederkehrender Situationen und den allmählich peinlich werdenden Aufenthalten in der Notaufnahme, scheinbar ohne Grund, um dann endlich eine Diagnose zu erfahren – die die Sache an sich allerdings nicht besser macht – höchstens ein Stück realer.

Und vielleicht auch Mut zu machen, zumindest ein Stück weit auch unbeschwert zu leben.

Jutta Vähning

Jever, Sommer 2022

Danksagung

Mein Dank gilt Herrn Prof. Dr. A., der mich ernst genommen hat und mir nach Jahren der Unsicherheit auf den richtigen Weg half. Und dem Team der Rhythmusambulanz des Klinikum Oldenburg 2009, hier hatte ich meine ersten beiden Ablationen.

Weiterhin danke ich dem Team der Elektrophysiologie Bremen, die mir bei meinem Vorhofflimmern wirklich sehr schnell einen Termin ermöglicht haben. Insbesondere gilt mein Dank Herrn Dr. med. J. für seine einfühlsame Art und seine fachlich ungemein kompetente Behandlung.

Ein herzliches Dankeschön geht an das Team der Reha Klinik Seehof. Hier habe ich gelernt, meinem Herzen wieder zu vertrauen! Zu erkennen, wie viel Belastung und auch Entlastung notwendig ist, um einen Alltag mit Herzrhythmusstörungen zu bewältigen. Und auch, was psychosozialer Ebene zu beachten und hilfreich ist.

Mein Dank geht ebenfalls an meine kardiologische Praxis in Sande, die mich seit vielen Jahren begleiten und unterstützen und meinen Kardiologen Herrn Dr. H.

Auch ein herzliches Dankeschön an meine tolle Hausärztin Fr. P., die immer ein offenes Ohr hat und mich bei wirklich allem hervorragend unterstützt.

Dann danke ich meinem wunderbaren Mann, der so manches Rennen mitgemacht hat, mir immer geglaubt hat und mich immer unterstützt und so manchen Kampf mit mir nicht unbedingt zugewandten Ärzten ausgefochten hat, mich noch heute immer unterstützt.

Und natürlich meiner Familie und meinen Freunden, denen mein Herz und ich so manchen Schrecken einjagten und die mich immer wieder ermuntert und aufgebaut haben, zu mir standen und noch immer stehen.

Euch allen **DANKE!**

Für Meike, die mir eine große Inspiration für dieses Buch war und mir inzwischen eine liebe Freundin geworden ist.

Platz für Notizen: